MARCO POLO

KAPSTADT
WINE LANDS, GARDEN ROUTE

Reisen mit Insider Tipps

> Kapstadt ist ein Schmelztiegel mit
> Strandzugang und ein Lehrstück darü-
> ber, was passiert, wenn eine Gesellschaft
> sich als lebendige Demokratie neu er-
> findet. Hier treffen ganz unterschiedliche
> Kulturen aufeinander, und jede prägt die
> Atmosphäre der Stadt auf ihre Weise.
> *MARCO POLO Autoren*
> *Anja Jeschonneck und Kai Schächtele*
> (siehe S. 138)

Das passt:
Der MARCO POLO Sprachführer Englisch

Weitere MARCO POLO Titel:
Südafrika, Namibia

Spezielle News, Lesermeinungen und Angebote zu Kapstadt:
www.marcopolo.de/kapstadt

KAPSTADT

> SYMBOLE

MARCO POLO INSIDER-TIPPS
Von unsereren Autoren für Sie entdeckt

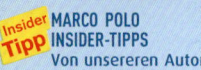
MARCO POLO HIGHLIGHTS
Alles, was Sie in Kapstadt kennen sollten

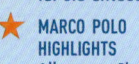 SCHÖNE AUSSICHT

 WLAN-HOTSPOT

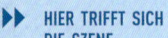 HIER TRIFFT SICH DIE SZENE

> PREISKATEGORIEN

HOTELS
€€€   über 160 Euro
€€   80–160 Euro
€   unter 80 Euro
Die Preise gelten für eine Übernachtung von zwei Personen im Doppelzimmer inklusive Frühstück

RESTAURANTS
€€€   über 20 Euro
€€   12–20 Euro
€   unter 12 Euro
Die Preise gelten für ein Essen mit Vorspeise, Hauptgericht und Dessert ohne Getränke

> KARTEN

[124 A1] Seitenzahlen und Koordinaten für Cityatlas Kapstadt

Übersichtskarte Kapstadt Umland auf S. 130/131 Karten Kap-Halbinsel, Wein anbaugebiete und Stellen bosch im hinteren Umschl Zu Ihrer Orientierung sind auch die Orte und Objekte mit Koordinaten versehen die nicht im Cityatlas eing tragen sind

INHALT

> SZENE

S. 12–15: Trends, Entdeckungen, Hotspots! Was wann wo in Kapstadt los ist, verrät die MARCO POLO Szeneautorin vor Ort

> 24 STUNDEN

S. 104/105: Action pur und einmalige Erlebnisse in 24 Stunden! MARCO POLO hat für Sie einen außergewöhnlichen Tag in Kapstadt zusammengestellt

> LOW BUDGET

Viel erleben für wenig Geld! Wo Sie zu kleinen Preisen etwas Besonderes genießen und tolle Schnäppchen machen können:

Kostenlose Stadtführungen S. 30 | Billige Bratwurst als Kultobjekt S. 56 | Hochglanzmagazine zum Kilopreis S. 66 | Kapstädter Comedystars auf kleiner Bühne S. 74 | Günstig übernachten im Zugabteil S. 83 | Reiterferien zum Spartarif S. 95 | Wein & Jazz für kleines Geld S. 101

> GUT ZU WISSEN

Blogs & Podcasts S. 28 | Sicherer ist sicherer S. 35 | Die Unvollendete S. 39 | Little Amsterdam S. 41 | Richtig fit! S. 43 | Entspannen & Geniessen S. 46 | Spezialitäten S. 58 | Zuschauersport S. 73 | Bücher & Filme S. 84 | Ende des Walkampfs S. 92 | Arrest in Paarl S. 103

AUF DEM TITEL
Skydiving, Abseiling oder Haitauchen S. 15
Bunte Welt im Bo-Kaap S. 36

ENTDECKEN SIE KAPSTADT!

Unsere Top 15 führen Sie an die traumhaftesten Orte und zu den spannendsten Sehenswürdigkeiten

Die Highlights sind in der Karte auf dem hinteren Umschlag eingetragen

1 Coon Carnival
Nach Neujahr ziehen phantasievoll kostümierte Musikgruppen durch die Straßen (Seite 20)

2 Company Gardens
Große Bäume, kleine Eichhörnchen und die wichtigsten Museen der Stadt (Seite 26)

3 District Six Museum
Das Museum erzählt die Geschichte eines in den 1960er-Jahren niedergerissenen Stadtteils (Seite 31)

4 Bo-Kaap
In den verwinkelten Gassen des muslimischen Viertels stehen bunte Häuschen neben kleinen Moscheen (Seite 36)

5 Robben Island
Ex-Häftlinge führen über die Insel, auf der Nelson Mandela den Großteil seiner Haft verbrachte (Seite 39)

6 Victoria & Alfred Waterfront
Eindrucksvolles und lebendiges Vergnügungs- und Einkaufszentrum am Hafen (Seite 39)

7 Groot Constantia
Weinfarm, Museum und Restaurant in einem: Südafrikas ältestes Weingut (Seite 41)

8 Kirstenbosch National Botanical Gardens
Beeindruckende Pflanzenvielfalt vor der phantastischen Kulisse des Tafelbergs (Seite 42)

> DIE BESTEN MARCO POLO HIGHLIGHTS

WAS FÜR EINE STADT!

Blick vom Tafelberg auf Kapstadt

AUFTAKT

> Wer eine Reise plant, muss sich entscheiden: ein spannender Städtetrip, ein paar Tage am Strand, ein Ausflug in die Berge? Kapstadt, eine Stadt mit bewegter Geschichte, guten Restaurants und einer lebendigen Kulturszene, nimmt Ihnen diese Entscheidung ab. Umgeben ist sie vom Atlantik und weißen Sandstränden, und über allem thront der Tafelberg mit schroffen Felsen und wilder Vegetation. Unmittelbar vor der Stadt schließen sich die Wine Lands mit traumhaften Ausblicken und renommierten Weinfarmen an. Die Garden Route schließlich, die vier Autostunden entfernt beginnt, ist ein Landstrich voll üppiger Natur und bezaubernder Strände.

> Das Ritual wiederholt sich jedes Jahr am ersten Adventssonntag: Die Kapstädter strömen in die Adderley Street, eine vierspurige Straße in der Innenstadt, die an diesem Nachmittag für den Verkehr gesperrt ist. Auf der Bühne treten südafrikanische Popstars und Tänzer auf, um die Wartezeit auf den großen Moment nach Einbruch der Dunkelheit zu verkürzen. Dann wird die bunte Weihnachtsbeleuchtung über der Straße angeknipst. Kurz bevor der Moderator beginnt, die Sekunden herunterzuzählen, schreit er in sein Mikrophon: „Ist Kapstadt nicht die schönste Stadt der Welt?" Und Zehntausende Kapstädter reißen die Arme nach oben, bejubeln ihre Stadt und ein bisschen auch sich selbst.

In Momenten wie diesen spürt man, wie stolz die Kapstädter auf ihre Stadt sind. Sie nennen sie *Mother City* – die Mutter aller Städte. Diesen Namen verdankt Kapstadt der Tatsache, dass sie die älteste Stadt des Landes ist: Vor über 300 Jahren haben die ersten europäischen Siedler hier ihr Lager aufgeschlagen. Und sie waren damals wahrscheinlich genauso verzaubert von der natürlichen Pracht zwischen Tafelberg und dem Ozean wie jeder, der heute zu Besuch kommt.

> *„Ist Kapstadt nicht die schönste Stadt der Welt?"*

Im Zentrum der heutigen Drei-Millionen-Metropole liegt das mächtige, 1086 m hohe Tafelberg-Massiv, in dessen Schatten es sich die Innenstadt gemütlich macht. Um den Stadtkern, in dem die Hochhäuser des Geschäftsviertels neben kleinen, viktorianischen Villen stehen, reihen sich viele, ganz unterschiedliche Stadtteile zu beiden Seiten um das Felsmassiv, das vom Tafelberg aus in verschiedene Bergketten übergeht. Dazu gehört das schicke Camps Bay zur einen Seite genauso wie das alternative Studentenviertel Observatory zur anderen. Und erst, wenn man vom

Auch das ist Kapstadt: „weiße" Party im Strandcafé

Tafelberg aus über die weite Fläche blickt, die sich südwärts bis zum Horizont erstreckt, bekommt man einen Eindruck davon, wie groß diese Stadt ist: 2 Mio. Menschen, das ist über die Hälfte der Bevölkerung, leben nicht in unmittelbarer Nähe zu Bergen und Atlantik, sondern in den Blechhütten und Häusern der Townships. Die gesamte Halbinsel, an deren Kopf Kapstadt liegt, reicht bis zum Kap der Guten Hoffnung. Auf ihr wechseln sich idyllische Örtchen direkt am Meer mit rauer, scheinbar unberührter Natur ab.

Was Kapstadt und seine Umgebung so einzigartig macht, ist die verschwenderische Schönheit, mit der die Natur die Südwestspitze Afrikas beschenkt hat. In den Bergen kann man nicht nur tolle Wanderungen unternehmen, sondern auch Ausblicke genießen, die man andernorts nur im Flugzeug kurz vor der Landung erlebt. Der Atlantik spült sein klirrend

kaltes Wasser an die Strände, von denen es hier so viele gibt, dass sich jeder dort in den Sand betten kann, wo er sich am wohlsten fühlt: In Clifton und Camps Bay liegen diejenigen, die ihre neu erworbene Bräune anschließend in einem der Szenecafés an der Promenade von Camps Bay zur Schau stellen. Etwas weiter außerhalb, an der False Bay, treffen sich Großfamilien gern zum Picknick und lassen die Kleinen Fußball spielen. Und über allem steht die Sonne, die gegen sechs Uhr aufgeht, abends in spektakulären Untergängen in den Ozean eintaucht und im Sommer nur selten von Wolken verdeckt wird.

> ## Vibrierende Aufbruchstimmung

Die Kapstädter lassen sich von so viel Schönheit gerne anstecken. Ihre Freundlichkeit ist genauso unerschütterlich wie der Tafelberg. Auf ihre Gemütlichkeit sind die Kapstädter aber mindestens so stolz wie auf ihren Charme. Mit einem Schmunzeln erzählen sie, dass die Stadt eigentlich deshalb *Mother City* heiße, weil hier alles mindestens neun Monate brauche, bis es fertig ist. Diese Gemütlichkeit ist aber nicht der Grund, warum Kapstadt im zweiten Jahrzehnt nach den ersten demokratischen Wahlen 1994 noch immer vor immensen Herausforderungen steht. Das Erbe der Apartheid lastet auf der Stadt. Politik und Verwaltung sind mit Problemen konfrontiert, die teilweise unlösbar scheinen. Die offenbaren sich vor allem darin, dass eine reiche Minderheit auf eine große

Mehrheit prallt, die mit den Folgen extremer Armut zurechtkommen muss. Die HIV/Aids-Pandemie etwa, deren Epizentrum in Südafrika liegt, trifft vor allem die Armen in den Townships. Dass Nelson Mandela nach seiner Freilassung im Februar 1990 auf den Balkon der City Hall trat, um zu Tausenden jubelnder Kapstädter zu sprechen, war der erste Schritt für den Aufbau einer neuen Demokratie. Doch bis die Kapstädter tatsächlich zu der Regenbogennation zusammenwachsen, wie sie die bunte Flagge des Landes symbolisiert, wird noch einige Zeit vergehen. Denn bislang bleiben die einzelnen Bevölkerungsgruppen nach wie vor weitgehend unter sich. Die sogenannten Afrikaaner, die Nachfahren der holländischen Einwanderer, und die Nachkommen der Briten leben genauso hier wie Schwarze und die sogenannten *coloureds,* deren Wurzeln in den Verbindungen zwischen Europäern und Sklaven aus Afrika und Asien liegen. Viele erhoffen sich bei der Lösung der sozialen Schwierigkeiten einen gewaltigen Schub von den Entwicklungen rund um die Fußballweltmeisterschaft.

> **> Bedeutender Umschlagplatz: Kapstadt mit seinem Hafen**

Um zu verstehen, warum im Schatten des Tafelbergs so viele unterschiedliche Bevölkerungsgruppen leben, genügt ein kurzer Blick in die über 300-jährige Stadtgeschichte. Die Gründer waren holländische Seefahrer, die hier eine Versorgungsstation für die „Vereenigde Oost-Indische

Compagnie" (VOC) einrichteten. Die Organisation trieb Handel zwischen den Niederlanden und Südostasien. Im 17. und 18. Jh. machten die Holländer, angeführt von den Gouverneuren Jan van Riebeeck und Simon van der Stel, aus der Zwischenstation eine florierende Kolonie. Vom dadurch erreichten Wohlstand profitierten allerdings nicht alle Kapstädter gleichermaßen: Die schwarze Urbevölkerung wurde in dieser Zeit genauso versklavt wie die aus Südostasien eingeschifften Arbeiter.

Zum Ende des 18. Jhs. sank der Stern der holländischen Schifffahrt, die VOC ging bankrott, und die Briten übernahmen das Kommando. Zu dieser Zeit war Kapstadt eine blühende, wenn auch noch unbedeutende Provinzstadt. Als Mitte des 19. Jhs. in Kimberley, ungefähr auf halber Strecke zwischen Kapstadt und Johannesburg, das größte Diamantenvorkommen der Welt und später um Johannesburg Gold entdeckt wurden, entwickelte sich Kapstadt mit seinem Hafen zu einem bedeutenden Umschlagplatz. 1910 wurde Kapstadt schließlich zur legislativen Hauptstadt der von den Briten gegründeten *Union of South Africa* ernannt, und noch immer tagt das südafrikanische Parlament in Kapstadt in Kammern, deren Aussehen dem ihrer britischen Vorbilder nachempfunden ist.

Die Apartheidsära des 20. Jhs. zementierte die sozialen Strukturen der Stadt. Der *Group Area Act* aus dem Jahr 1950 galt als Rechtfertigung für die Vertreibung der Schwarzen

> www.marcopolo.de/kapstadt

und *coloureds* aus vielen Gebieten der Innenstadt. Die Weißen residierten hauptsächlich in den teuren und herausgeputzten Gegenden am Meer oder in den ruhigen Vororten. Für etwa die Hälfte der Bevölkerung

ebenso schöne wie sichere Zeit. Die wichtigste Regel lautet: Übertriebene Ängstlichkeit ist genauso unangebracht wie zu großer Leichtsinn *(siehe auch Kasten „Sicherer ist sicherer", S. 35)*. So können Sie sich auf

Herrschaftliche Kolonialarchitektur: The Old Townhouse am Greenmarket Square

blieben nur die Baracken- und Blechhüttensiedlungen außerhalb der Stadt.

❯ Weingüter, Wälder, wilde Strände

Eine Frage, die sich vor einer Reise nach Kapstadt vermutlich jeder stellt, ist die nach der eigenen Sicherheit. Wer sich an bestimmte Regeln hält, erlebt in Südafrikas Metropole eine

eine Stadt einlassen, deren Schönheit Sie genauso einnehmen wird wie der Optimismus ihrer Bewohner, von dem man sich gerne anstecken lässt. Und wenn Sie dann am Ende Ihres Aufenthalts aus dem Flugzeugfenster einen letzten Blick auf die Stadt und den Tafelberg werfen, bevor der Flieger wieder Kurs auf Europa nimmt, werden sie nachvollziehen können, warum die Kapstädter so stolz darauf sind, an der Südwestspitze Afrikas zu leben.

TREND GUIDE KAPSTADT

Die heißesten Entdeckungen und Hotspots!
Unser Szene-Scout zeigt Ihnen, was angesagt ist

Heidi Erdmann

Seit 1992 lebt die Galeristin in Kapstadt. Dabei fühlt sie sich, als würde sie in den unterschiedlichsten Städten der Welt leben, so vielfältig und international empfindet sie Kapstadt. Neben dem kulturellen Angebot liebt sie vor allem den Tafelberg. Sobald es ihre Zeit erlaubt, geht sie mit ihren Hunden dort spazieren. Dann genießt sie die Natur und den tollen Ausblick.

VOLLMONDPICKNICKS

Brotzeit mit dem Mann im Mond

In warmen Vollmondnächten ist ganz Kapstadt auf den Beinen, denn die monatliche Wanderung auf den Lion's Head ist mittlerweile Kult. Dazu eine Decke und einen Korb voll leckerer Kleinigkeiten – da wird sogar der Mann im Mond neidisch! Nach dem selben Prinzip organisiert das *Taal Museum* in Paarl jetzt auch Vollmondpicknicks am Taalmonument. Praktisch: Voll bestückte Körbe können hier sogar vorbestellt werden *(www.taal museum.co.za,* Foto). Komplett durchorganisiert ist das Event mit dem *Dirtopia Trail Centre*: Sonnenuntergang über dem Tafelberg mit Blick über die Weinberge, Picknick auf dem Klapmutskop, während der Vollmond sich über die Hottentots-Holland-Berge schiebt – mehr Romantik geht kaum *(R 44, Delvera Farm Stellenbosch, www.dirtopia.co.za)*!

SZENE

▶▶ SOZIAL UNTERWEGS

VolunTourism, Fair Travel & Co.

Engagement im Urlaub steht hoch im Kurs. Wer als Freiwilliger mit anpacken möchte, wendet sich an *Voluntours*. Die Organisation vermittelt Freiwillige z.B. an das Haischutzprojekt in der Nähe von Kapstadt, bei dem es darum geht, den Lebensraum der Meeresbewohner und die Tiere selbst zu schützen (*www.voluntours.co.za*, Foto). Über *Fair Tourism South Africa* (*www.fairtourismsa.org.za*) bucht man Öko-Unterkünfte wie das *Jan Harmsgat Country House* (*R 60 zwischen Ashton und Swellendam, www.jhghouse.com*) oder das *Bartholomeus Klip* in Hermon, das sich auch für Natur- und Tierschutz einsetzt (*www.bartholomeusklip.com*). Shoppen mit gutem Gewissen ist bei *Monkey Biz* angesagt. Hier werden Arbeitsplätze in Townships durch die Wiederbelebung traditioneller Handwerkstechniken geschaffen (*65 Rose St., www.monkeybiz.co.za*).

▶▶ RAUF AUF DIE BÜHNE

Musik: live & groovy

Bands aus Kapstadt, die etwas auf sich halten, wollen vor allem eines: live auftreten! Wer es auf die Bühne des Clubs *The Assembly* schafft, kann damit rechnen, dass er nun durchstarten wird. Die Konzerte sind grandios und die Gäste begeistert (*61 Harrington St., www.theassembly.co.za*). Eine Band, die weiß, wovon die Rede ist, ist *Goldfish*. Die Jazzmusiker haben sich auf Elektrosound

spezialisiert. Dabei mischen sie Saxophonklänge mit Synthesizertönen und sorgen bei Liveauftritten für Stimmung (*www.goldfishlive.com*, Foto). Hochkarätige Bands können Fans von Livemusik auch im *Waiting Room* erleben (*273 Long St.*).

▶▶ KAP MODE

Start frei für junge Labels

Die Nachwuchsdesigner wollen sich nicht auf einen Stil festlegen – ihre Kollektionen sind funky, klassisch oder edel. Das Label *Misfit* holt sich Inspiration aus dem Punk und peppt z.B. seidige Shirts mit Nieten auf. Auf der letzten *Cape Town Fashion Week* sorgten sie damit für Furore und rockten die Laufstege *(287 Long St., www.misfit. co.za, Foto)*. Luftig, duftig, sexy – die Mode des Labels *Lalesso* passt perfekt nach Kapstadt. Die bunten Tuniken und leichten Kleider spiegeln den Lifestyle der Metropole wider *(Flagship Store, Kloof St., www.lalesso.com)*. Modetalente bekommen bei *Non-European* eine Chance. Das Label wurde von der *Elizabeth Galloway Academy of Fashion Design* gegründet und bietet jedes Jahr den besten Nachwuchsdesignern die Möglichkeit, ihre Kollektionen groß rauszubringen. Die Einnahmen teilen sich der Designer und die Academy zu gleichen Teilen. Im Shop von *Elizabeth Galloway* gibt's noch mehr Fundstücke aus der lokalen Modeszene *(38 Ryneveld St., Stellenbosch, www.elizabethgalloway.co.za)*.

▶▶ KUNSTRICHTUNG

New Pop Art

Die Werke der jungen Kunsttalente sind plakativ und voller Energie. Die Richtung, der sie sich verschrieben haben, nennt sich *New Pop Art* und lässt die Kunstrichtung der 1950er-Jahre wieder aufleben. Einer ihrer Vertreter ist *Jonathan Munnik*, der erst vor Kurzem in der *UCA Gallery* mit einer Soloausstellung auf sich und sein Können aufmerksam machte *(46 Lower Main Road, www. ucagallery.com)*. Auch die *Galerie Erdmann Contemporary* bietet immer wieder Pop-Art-Künstlern wie *Karlien de Villiers* oder *Norman O'Flynn (www.bell- roberts.com/?artist=5)* eine Plattform, ihre Werke einem breiten Publikum zu präsentieren *(63 Shortmarket St., www.erdmanncontemporary.co.za, Foto)*.

FUNSPORTMEKKA

Playground Table Mountain

Actionfans haben in Kapstadt ihren Abenteurspielplatz direkt vor der Haustür. Mit dem Team von *Downhill Adventures* erleben Schwindelfreie die Stadt am Kap im freien Fall, wenn sie mit 200 km/h beim Skydiven Richtung Erdboden sausen *(Overbeek Building, Ecke Kloof, Long & Orange St.,www.downhilladventures.com,* Foto*)*. Einen phantastischen Blick über die Stadt genießen Kletterfans auch beim welthöchsten kommerziellen Abseilabenteuer in 1000 m Höhe am Tafelberg *(Long St., www.abseilafrica.co.za)*. Abtauchen ist mit *Xtreme Adventures* angesagt. In der sicheren Umgebung eines riesigen Aquariums schwimmt man mit Haien *(www.xtremeadventures.co.za)*.

TYPICAL FOOD

Township Restaurants

Wer wirklich original afrikanische Speisen kennenlernen will, tut dies in den Restaurants der Townships. Banker und Mitarbeiter der Gemeindeverwaltung Langas zählen zu den Stammgästen des Restaurantprojekts *Zu Enziko*. Sie lassen sich Xhosasgerichte wie Umvuba (Maismehl und Sauermilch) und Umfino (Spinat und Maisbrei) schmecken *(Washington St., Langa)*. Besucher genießen im *Lelapa Restaurant* traditionelle Gerichte und Geschichten aus dem Township von Besitzerin Sheila *(49 Harlem Avenue, Langa)*. Auch im Restaurant *Igugu Le Africa* werden landestypische Gerichte serviert *(Khayelitsha)*.

IN-VIERTEL WOODSTOCK

Magnet für Szenegänger

Lagerhauscharme, Industriehallenoptik und jede Menge Kreative, die sich davon angezogen fühlen – genau das bietet das neue In-Viertel Woodstock. Seit Kurzem wartet *The Albert Hall* mit dem Comedy-Konzept *The Show* auf *(208 Albert Road, www.alberthall.co.za)*. Kreatives Highlight sind auch die *Greatmore Studios:* Sie bieten Arbeitsplätze und Ausstellungsfläche für lokale Künstler und dienen ihnen vorübergehend als Wohnungen *(47–49 Greatmore St., www.greatmoreart.org)*. Nachts zieht es das Szenevolk in den Club *Deco-dance Underground*, der im Keller eines alten Silos untergebracht ist *(Old Biscuit Mill, 375 Albert Road*, Foto*)*.

Nützliches, Wissenswertes und Nettes aus der südafrikanischen
Metropole am Kap

BABOONS

Baboons, Paviane, leben überall auf
der Kaphalbinsel, und ein Besuch am
Kap der Guten Hoffnung ist nicht
zuletzt deshalb so reizvoll, weil man
dort mit ein bisschen Glück Pavian-
herden in freier Wildbahn zu Gesicht
bekommt. Mit ein bisschen Pech
plündern die allerdings die Picknick-
körbe, weshalb es ratsam ist, Lebens-
mittel geruchssicher zu verpacken.

Bild: Waterfront

BRAAI

Braai ist Afrikaans und bedeutet
„grillen" – die absolute Lieblingsbe-
schäftigung der Kapstädter. Von
Würstchen über alle Arten von Gemüse bis zu *crayfish* (Languste) und
Straußensteaks landet alles auf dem
Grill. Eine oft verwendete Höflich-
keitsformel lautet dementsprechend:
„Ihr müsst dringend mal zum Braai
vorbeikommen!"

STICH WORTE

CAPE DOCTOR

In den Sommermonaten von Dezember bis März weht in Kapstadt häufig ein starker Südostwind, der die Stadtluft reinigt und deshalb *Cape Doctor* genannt wird. Anschließend steigt er auf und legt dem Tafelberg die berühmte Wolken-Tischdecke auf. Gelegentlich weht der Wind so stark, dass er vielen das Nervenkostüm blank bläst.

COLOUREDS

Während in Südafrika insgesamt Schwarze mit drei Vierteln den größten Teil der Bevölkerung bilden, dominieren am Kap mit über 50 Prozent die sogenannten *coloureds*. Zu fast gleichen Teilen besteht die andere Hälfte aus Weißen und Schwarzen. Die *coloureds* sind zum einen Nachfahren von Verbindungen Weißer und Khoisan (der ursprünglichen Bewohner des Landes), zum anderen sind es die meist muslimischen Nachfahren von Sklaven aus dem asiatischen Raum, die Kapmalaien. Zu Apartheidszeiten wurden

Im District Six Museum

alle Südafrikaner, die weder afrikanisch noch weiß aussahen, als *coloured* klassifiziert. Viele Familien wurden seinerzeit auseinandergerissen, weil die einzelnen Mitglieder unterschiedlichen Bevölkerungsgruppen zugeordnet wurden.

DISA-PARK-TÜRME

Allseits verhasst sind die drei so genannten Disa-Park-Türme, die die sonst unverbaute Sicht auf das Massiv des Devil's Peak verschandeln, der an den Tafelberg angrenzt. Weil die Stadtväter den Blick auf das Bergpanorama schützen wollten, wurde jede Bebauung auf eine bestimmte Höhe begrenzt. In den 1960er-Jahren entdeckten die Erbauer der Türme aber eine Gesetzeslücke, die es erlaubte, die Türme im Stadtteil Vredehoek diesseits der Bebauungsgrenze so hoch zu ziehen, dass sie in das Panorama hineinragen. Die einzigen Freunde der Türme sind wohl deren Bewohner, die aus ihren Wohnungen einen tollen Blick genießen. Die Haltung aller anderen Kapstädter offenbart sich in dem Spitznamen für dieses architektonische Verbrechen: „Tampontürme".

DISTRICT SIX

Die größte Narbe aus den Jahrzehnten der Apartheidspolitik im Stadtbild ist *District Six,* eine verwucherte Brache mitten in der Stadt. Die 60 000 Bewohner des ehemals lebhaften Viertels wurden in den 1960er-Jahren in Townships zwangsumgesiedelt. Als Rechtfertigung dafür wurde der *Group Area Act* angeführt, ein Regierungserlass, der die regionale Trennung der Rassen festlegte. District Six wurde am 11. Februar 1966 zum Wohngebiet ausschließlich für Weiße erklärt, weil das multikulturelle Viertel nah am Zentrum den Autoritäten ein Dorn im Auge war. Die offizielle Begründung: Nur so könne man der Kriminalität Herr werden. Alle Wohnhäuser wurden abgerissen, nur ein paar Kirchen und Moscheen sind noch erhalten.

Anschließend wurde das Viertel schönfärberisch in „Zonnebloem" (Sonnenblume) umbenannt, doch auch das änderte nichts daran, dass hier niemand mehr bauen wollte. Auch die meisten Weißen hatten die Auslöschung dieses Stadtteils abgelehnt. Inzwischen sind die ersten Vertriebenen mit ihren Familien wieder zurückgekehrt. Der Prozess des Wiederaufbaus wird allerdings noch lange dauern.

KAAPSTAD

So heißt Kapstadt auf Afrikaans – diesen Namen liest man noch auf vielen Schildern, die in Richtung Stadt weisen. Afrikaans wurzelt im Niederländischen und war die zu Apartheidszeiten dominierende Sprache des Regimes. Heute ist sie nur noch eine der elf offiziellen Landessprachen – neben Englisch und ver-schiedenen Sprachen afrikanischen Ursprungs wie zum Beispiel Xhosa und Zulu.

MINITAXI

Wegen des schlechten Nahverkehrssystems hat sich ein Netz von Minibus-Taxis entwickelt. Täglich pendeln unzählige Kleinbusse zwischen den Townships und der Innenstadt und von Stadtteil zu Stadtteil. Eine Fahrt in einem solchen Bus ist ein echtes Wagnis: Die Fahrer übertreffen sich gegenseitig darin, den Bus mit Passagieren vollzupacken. Gelegentlich ist da, wo normalerweise das Lenkrad sitzt, ein Schraubenschlüssel, um so noch einen Sitzplatz mehr anbieten zu können. Weil zudem der Fahrstil oft genauso abenteuerlich ist wie der Zustand der Busse, ist eine Fahrt in den Minibussen nicht unbedingt zu empfehlen.

> DAS KLIMA IM BLICK
Handeln statt reden

Reisen bereichert und verbindet Menschen und Kulturen. Jedoch: Wer reist, erzeugt auch CO2. Dabei trägt der Flugverkehr mit bis zu 10 % zur globalen Erwärmung bei. Wer das Klima schützen will, sollte sich somit nach Möglichkeit für die schonendere Reiseform (wie z. B. die Bahn) entscheiden. Wenn keine Alternative zum Fliegen besteht, so kann man mit *atmosfair* handeln und klimafördernde Projekte unterstützen.

atmosfair ist eine gemeinnützige Klimaschutzorganisation.

Die Idee: Flugpassagiere spenden einen kilometerabhängigen Beitrag für die von ihnen verursachten Emissionen und finanzieren damit Projekte in Entwicklungsländern, die dort helfen, den Ausstoß von Klimagasen zu verringern. Dazu berechnet man mit dem Emissionsrechner auf *www.atmosfair.de*, wie viel CO2 der Flug produziert und was es kostet, eine vergleichbare Menge Klimagase einzusparen (z. B. Berlin–London–Berlin: ca. 13 Euro). *atmosfair* garantiert, unter der Schirmherrschaft von Klaus Töpfer, die sorgfältige Verwendung Ihres Beitrags. Auch der MairDumont Verlag fliegt mit *atmosfair*.

Unterstützen auch Sie den Klimaschutz: *www.atmosfair.de*

MIT KARNEVAL INS NEUE JAHR!

Die wichtigsten Events in, um und vor Kapstadt auf einen Blick

> Die Kapstädter sind so sportbegeistert wie vergnügungssüchtig: Im Januar feiern sie Straßenkarneval, im Spätsommer finden mehrere große Rad- und Laufrennen statt. Und zum Ende des Jahres stimmen sie sich unter blinkender Festtagsbeleuchtung bei einem Nacht-Weihnachtsmarkt auf die Feiertage ein, die sie traditionell am Strand verbringen.

■ FEIERTAGE ■■■■■■■■■

1. Januar *Neujahr;* **21. März** *Tag der Menschenrechte;* **Karfreitag, Ostern** *(So und Mo);* **27. April** *Tag der Freiheit;* **1. Mai** *Internationaler Tag der Arbeit;* **24. September** *Heritage Day;* **16. Dezember** *Tag der Versöhnung;* **25./26. Dezember** *Weihnachten*

■ FESTE UND VERANSTALTUNGEN

Januar

⭐ *Coon Carnival:* Karneval an den ersten Tagen des neuen Jahres mit langer Tradition. Die Sklaven feierten ursprünglich am 2. Januar mit einem verkleideten Umzug ihren freien Tag nach Neujahr. Heute ist es zum Brauch der *coloureds* geworden, die in einheitlich kostümierten Musikgruppen durch die Stadt ziehen.

J&B Met Pferderennen : Gesellschaftlicher Großevent in Kenilworth. Die Pferde interessieren allerdings nur am Rande: Zehntausende führen ihre extravaganten Hüte und eleganten Anzüge spazieren, einige Gäste kommen verkleidet, und Jungdesigner tragen ihre Kreationen zur Schau – pompös, schräg und irgendwie sehr kapstädtisch. *www.jbmet.co.za*

März

Cape Argus Cycle Tour: 109 km langes Radrennen, an dem nicht nur Profis teilnehmen – für viele Kapstädter eine gemütliche Radtour im großen Stil. *www.cycletour.co.za*

März/April

Two Oceans Marathon: Ultramarathon, der immer zu Ostern auf einer der welt-

weit schönsten Marathonstrecken über die ganze Halbinsel führt: 56 km über weite Strecken am Meer entlang. *www.twooceansmarathon.org.za*

April

Cape Town International Jazz Festival: Berühmte Musiker aus der ganzen Welt verwandeln Kapstadt für ein Wochenende in ein Mekka des Jazz. Rund um das Festival gibt es Gratiskonzerte und Jazzworkshops. *www.capetownjazzfest.com*

Mai–Oktober

Walwanderung: Im südafrikanischen Winter bevölkern Wale die Küste, die aus der Antarktis zum Gebären kommen. Oft kommen sie so nah, dass man sie mit bloßem Auge beobachten kann. Es gibt zahlreiche Anbieter organisierter Whale-Watching-Touren.

Juli

⭐ *Oyster Festival* in Knysna: Bis zu 200000 Austern werden verspeist, u.a. bei Wettkämpfen wie dem Austernko-chen oder -essen. Zusätzlich gibt es auch Unterhaltung für alle, die keine Austern mögen. *www.oysterfestival.co.za*

September

Cape Town International Comedy Festival: Auf mehreren Bühnen der Stadt sorgt die internationale Comedy-Elite für Lacher. *www.comedyfestival.co.za*

Oktober

Khayelitsha Festival: Straßenmärkte, Modenschauen und Konzerte lokaler Musiker locken Besucher zum Straßenfest im Township. *www.khayelitshafestival.co.za*

Dezember

Mother City Queer Project: Riesige Gayparty mit wechselndem Motto und phantastisch verkleideten Partyteams. *Adderley Street Night Market:* In den letzten Tagen vor Weihnachten stehen abends auf der Adderley Street keine Autos, sondern die Stände und Musikbühnen des Nachtmarkts.

> ZWISCHEN BERGEN UND DEM OZEAN

In Kapstadt wandern Sie erst durch die Geschichte Südafrikas und dann durch den Sand am Atlantik

> Der Tafelberg, der Ozean, all die Denkmäler und historischen Plätze – die vielen Attraktionen, die Kapstadt zu bieten hat, sind eigentlich zu viel für eine einzige Stadt. Kapstadt hat nicht nur eine bewegte Geschichte, von der viele Museen und Gebäude zeugen, sondern auch zauberhafte Strände am Fuß der Berge.

Den besten Überblick über die Stadt hat man vom Tafelberg aus. Die Aussicht von dort oben ist überwältigend, daher sollte man sich für einen Ausflug auf den Tafelberg mindestens einen halben Tag Zeit nehmen. Auch um schon mal von oben zu begutachten, was man sich später aus der Nähe anschauen will. Wieder unten angelangt, stehen Sie nämlich vor einer schweren Entscheidung: Wohin geht es jetzt zuerst? An den Strand? In eines der Cafés in den urbanen Subzentren wie dem Cape Quarter oder der Long Street? Oder lieber zur kulturellen Bildung ins Museum?

Bild: Camps Bay und das Bergmassiv der Twelve Apostles

SEHENS WERTES

Von den Museen der Stadt sind vor allem diejenigen empfehlenswert, die von der Geschichte der Stadt erzählen. Das *District Six Museum* oder das *Jewish Museum* vermitteln einen interessanten Einblick in das Leben am Kap. Die Eintrittspreise sind generell günstig, sie liegen meistens bei etwa 30 Rand (ca. 2,70 Euro). Kunstliebhaber kommen vor allem auf ihre Kosten, wenn sie sich für Werke aus der Kolonialzeit interessieren. In un-

terschiedlichen Museen wie im *Castle of Good Hope* ist nicht nur die Kunst dieser Zeit, sondern mit ihr auch der Alltag vergangener Jahrhunderte am Kap ausgestellt. Auch holländische und flämische Meister finden Sie in Kapstadt. Schwieriger wird es für Freunde moderner und zeitgenössischer Kunst. Die einzige Adresse ist die *South African National Gallery*. Ein Besuch lohnt sich, obwohl die ständige Sammlung eher bescheiden

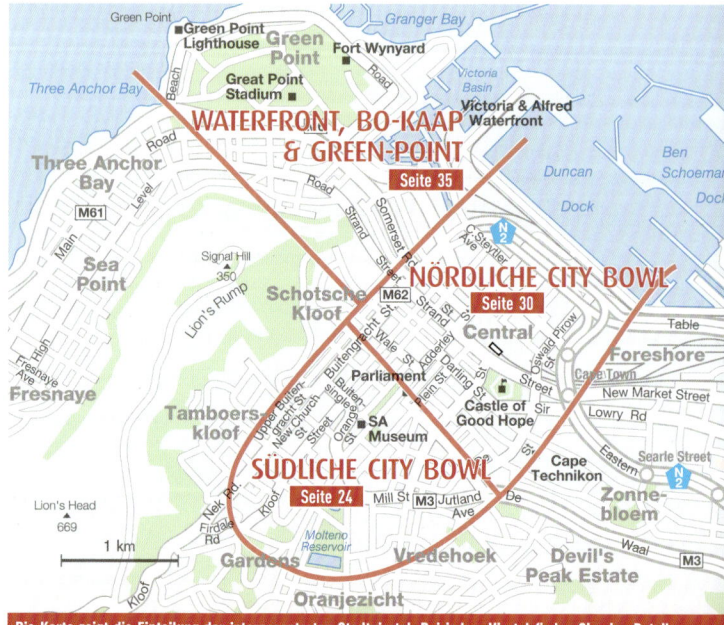

Die Karte zeigt die Einteilung der interessantesten Stadtviertel. Bei jedem Viertel finden Sie eine Detailkarte, in der alle beschriebenen Sehenswürdigkeiten mit einer Nummer verzeichnet sind

ist: In gut gestalteten Wechselausstellungen sind immer zeitgenössische Arbeiten südafrikanischer Künstler zu sehen. Um einen guten Eindruck der lokalen Kunstszene zu bekommmen, empfiehlt es sich in jedem Fall, einen Blick in die Galerien der Stadt zu werfen.

Unbedingt besuchen sollten Sie auch einmal eines der Townships der Stadt – immerhin lebt die Hälfte der Kapstädter hier. Viele Anbieter organisieren Touren, bei denen Sie nicht vom klimatisierten Bus aus auf die Dächer von Bretterbaracken schauen, sondern mit den Menschen zusammensitzen und ins Gespräch kommen.

SÜDLICHE CITY BOWL

> Die Mulde unterhalb des Tafelbergs, die zur einen Seite vom in die Stadt ragenden Bergmassiv des Signal Hill und zur anderen Seite von Devil's Peak begrenzt wird, ist die so genannte „City Bowl". In ihr liegen die Stadtteile Gardens, Oranjezicht, Tamboerskloof und Vredehoek – Wohnviertel mit kleinen viktorianischen Villen, in denen viele schöne Guest Houses, Restaurants und Geschäfte zu finden sind.

Im dem Tafelberg zugewandten Teil befindet sich die Feiermeile Long Street, der Stadtpark Company Gardens, die daran angrenzenden Regierungsgebäude und einige Museen. Wenn abends um fünf Uhr die Geschäfte schließen, werden bald darauf die Gehwege hochgeklappt. Mit Ausnahme der Long Street und der umliegenden Straßenzüge ist die Innenstadt deshalb nachts ausgestorben. Seit Jahren versuchen Initiativen der Privatwirtschaft zusammen mit den Planern der Stadt deshalb, die City mit Millionen-Investitionen vor allem abends wiederzubeleben.

1 CAPE TOWN HOLOCAUST CENTRE/ SOUTH AFRICAN JEWISH MUSEUM [127 D5–6]

Seit gut eineinhalb Jahrhunderten prägen die aus den unterschiedlichsten Teilen der Welt gekommenen jüdischen Einwanderer und deren Nachfahren Südafrikas Kultur, Wirtschaft und Politik. Daher bietet die Geschichte der jüdischen Südafrikaner auch einen beeindruckenden Einblick in die Historie des Landes selbst. Im *South African Jewish Museum,* das zu einem Teil in der ersten Synagoge Südafrikas von 1863 untergebracht ist, begegnen Sie außerdem herausragenden Zeitzeugen, die in Videodokumentationen von ihrem gemeinsamen Kampf gegen das Apartheidsregime mit Widerstandsorganisationen wie dem ANC erzählen. Die empfehlenswerte Ausstellung im *Cape Town Holocaust Centre* gegenüber behandelt die im Zweiten Weltkrieg begangenen Verbrechen. Zu sehen sind u.a. Bild- und Tonzeugnisse von Menschen, die den Holocaust überlebt haben. Vergessen Sie

MARCO POLO HIGHLIGHTS

⭐ **Company Gardens**
Museumsmeile und grüne Oase mitten in der Stadt (Seite 26)

⭐ **Castle of Good Hope**
Beeindruckende Zeugnisse der ersten Siedler am Kap (Seite 30)

⭐ **District Six Museum**
Hier lebt das einst niedergewalzte Viertel wenigstens ideell weiter (Seite 31)

⭐ **Bo-Kaap**
Bunte Häuschen und Moscheen am Fuße des Signal Hill (Seite 36)

⭐ **De Waterkant**
Schmale Gässchen und Designboutiquen (Seite 36)

⭐ **Robben Island**
Hier verbrachte Nelson Mandela knapp 20 Jahre seiner Haftzeit (Seite 39)

⭐ **Victoria & Alfred Waterfront**
Vergnügungs- und Einkaufsviertel am Hafen (Seite 39)

⭐ **Groot Constantia**
Das älteste Weingut Südafrikas (Seite 41)

⭐ **Kirstenbosch National Botanical Gardens**
Hier gedeihen ein Drittel der 22000 Pflanzenarten Südafrikas (Seite 42)

⭐ **Tafelberg**
Schönster Aussichtspunkt und Wahrzeichen der Stadt (Seite 44)

nicht, Ihren Ausweis mitzubringen! Sie werden beim Sicherheits-Check am Eingang danach gefragt. *So–Do 10–17, Fr 10–14 Uhr | www.sajewish museum.co.za | 88 Hatfield Street | Central*

2 COMPANY GARDENS ⭐ [127 D5]

Der mitten in der Stadt gelegene Park ist die bezaubernde Oase, in der Touristen spazieren gehen und Kap-

Klassizismus gepaart mit viktorianischem Kolonialstil: die Houses of Parliament

städter ihre Mittagspause auf der Wiese liegend verbringen. Die von mächtigen Eichen gesäumte Museumsmeile *Government Avenue* verläuft mitten hindurch. Hier finden sich viele der wichtigsten Museen Kapstadts und ein kleines, zwischen den Bäumen verstecktes Café *(Gardens Tea Room | tgl. 7–19 Uhr | Tel. 423 29 19)*. Der Park wurde bereits zu Zeiten der holländischen Kolonialzeit als Obst- und Gemüsegarten angelegt. Später ließ Cecil Rhodes zu seinen eigenen Ehren eine Statue aufstellen. Und noch etwas erinnert an den König der Diamanten: Die im Park umherwieselnden Eichhörnchen sind in seinem Auftrag hier angesiedelt worden. *Zwischen Orange und Wale St. | Central*

3 HOUSES OF PARLIAMENT [127 D5]

Das Parlamentsgebäude ist eines der geschichtsträchtigsten Bauwerke der Stadt. Hier wurden viele Gesetze verabschiedet, die die Basis der Apartheidspolitik bildeten. Hendrik Verwoerd, der „Architekt" dieser Politik, wurde hier ermordet. Der Attentäter Dimitri Tsafendas sagte später aus, ein Bandwurm habe ihm den Mord befohlen. Dass Sie den amtierenden Präsidenten zu Gesicht bekommen, ist allerdings unwahrscheinlich. Obwohl das südafrikanische Parlament jeweils einige Monate im Jahr hier tagt, ist er nur selten in Kapstadt, denn er ist nicht Mitglied des Parlaments. Eine Führung durch die verwinkelten Flure macht Sie mit einer weiteren perfiden Idee der Apartheid vertraut: Weil die Rassen auch im Parlament getrennt bleiben sollten, wurde das Gebäude so kons-

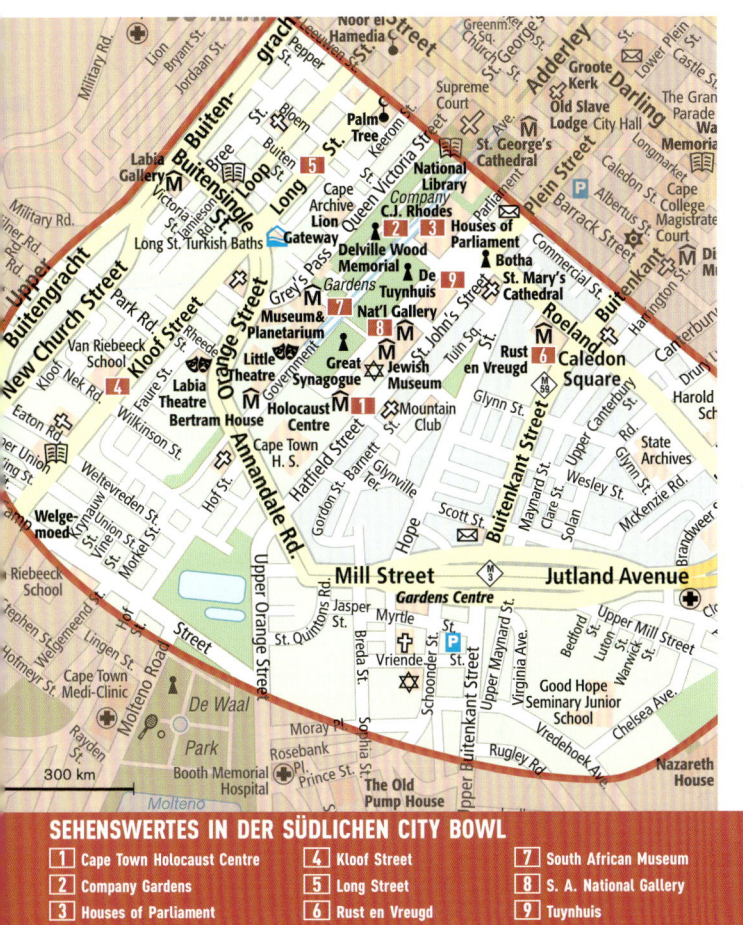

SEHENSWERTES IN DER SÜDLICHEN CITY BOWL

1 Cape Town Holocaust Centre   **4** Kloof Street   **7** South African Museum

2 Company Gardens   **5** Long Street   **8** S. A. National Gallery

3 Houses of Parliament   **6** Rust en Vreugd   **9** Tuynhuis

truiert, dass jede Gruppe unter sich bleiben konnte – oder musste. Um an einer Führung teilzunehmen, müssen Sie sich eine Woche im Voraus anmelden und Ihren Pass mitbringen. *Mo–Fr 9, 10, 11 und 12 Uhr | Tel. 403 33 41 | www.parliament.gov.za | Parliament St. | Central*

4 KLOOF STREET ▶▶   [126 B–C 5–6]

Die Kloof Street und die angrenzenden Seitenstraßen sind vor allem tagsüber eines der Zentren der städtischen Kreativszene. In unmittelbarer Nachbarschaft hat E-TV, einer der landesweiten Fernsehsender, seinen Sitz, in den Cafés der Nachbarschaft verbringen manche Kapstädter ganze Nachmittage vor ihren Laptops. Und Besucher können sich in den vielen trendigen Boutiquen, Shops und Plattenläden durch die Subkultur der Stadt stöbern, z.B. bei *Mabu Vinyl (Mo–Do 9–20, Fr 9–19, Sa 9–18, So 11–15 Uhr | Rheede Centre | 2 Rheede Street).*

5 LONG STREET [127 D4–5]

Auf der Long Street kommt ganz Kapstadt zusammen. Hier verbringen sowohl Locals aller Hautfarben als auch Touristen ganze Tage und Nächte. Nachmittags sind die charmanten Cafés ein wunderbarer Ort, um das vorbeiziehende Long-Street-Volk zu beobachten. Nachts schiebt sich die Meute über die Bürgersteige von einer Bar in die nächste. Die Mischung der Long Street ist bunt: Fast-Food-Restaurants und schicke Boutiquehotels stehen in einer Reihe mit Läden, die afrikanisches Handwerk anbieten, und kleinen Hip-Hop-Bars, deren Tanzflächen kaum größer sind als eine Tischtennisplatte. Viele der Häuser sind typisch viktorianisch: Ihre Balkone überdachen die Bürgersteige und verwandeln diese mit ihren verspielten Stützpfeilern in romantische Säulengänge. Neben zahlreichen Cafés, Restaurants und Clubs gibt es hier eine Reihe netter Modegeschäfte

❯ BLOGS & PODCASTS
Gute Tagebücher und Files im Internet

❯ *www.capetown.travel/blog* – Auf dem lesenswerten Blog des Touristinformationsbüros gibt es vor allem Veranstaltungsankündigungen und jede Menge wunderschöner Kapstadt-Fotos.

❯ *www.capetowndailyphoto.com* – Auf dieser Seite wird jeden Tag eine neue Ansicht auf Kapstadt und die vielen unterschiedlichen Menschen präsentiert, die hier leben.

❯ *17loader.za.net/bed-and-breakfast/* – Von Neuigkeiten zu Touristenangeboten über Restaurantkritiken bis zu einer Zusammenstellung der besten Secondhand-Shops gibt es hier aktuelle und zeitlose Tipps für die Kapstadt-Reise. Verantwortlich sind die Betreiber eines Guesthouses in De Waterkant.

❯ *www.thoughtleader.co.za* – Für alle, die sich über die politischen Entwicklungen in Kapstadt und Südafrika informieren möchten. Auf der Internetseite der Tageszeitung „Mail & Guardian" findet man Meinungen, Analysen und zahlreiche aktuelle Blogeinträge.

❯ *www.mg.co.za/page/podcasts* – Unter dem Titel „Between the Pages" werden wöchentlich die wichtigsten Themen und meistgelesen Geschichten aus dem Online-Angebot des „Mail & Guardian" aufbereitet.

❯ *www.2oceansvibe.com* – Etwas werbelastiger, aber trotzdem sehr unterhaltsamer Lifestyleblog. Der Endzwanziger Seth Rotheram schreibt darüber, was man in Kapstadt alles erleben kann.

Für den Inhalt der Blogs & Podcasts übernimmt die MARCO POLO Redaktion keine Verantwortung.

mit Entwürfen südafrikanischer und internationaler Designer und ein paar der interessantesten Galerien der Stadt.

6 RUST EN VREUGD [127 D5]

Das 1778 errichtete Gebäude wurde 1940 zum Kulturerbe erklärt, weil es das besterhaltene Beispiel für Kaparchitektur des späten 18. Jhs. ist. Die Fassade gestaltete der aus Deutschland stammende Bildhauer Anton Anreith. Die ausgestellten Werke sind Teile der *William Fehr Collection,* deren größerer Teil im Castle of Good Hope zu sehen ist. Sie stammen aus dem 16.–19. Jh. und dokumentieren Menschen und Geschehnisse am Kap. Der Garten wurde nach Entwürfen aus dem 18. Jh. Mitte der 1980er-Jahre wiederhergestellt. *Di–Do 10–17 Uhr | www.iziko.org.za/rustvreugd | 78 Buitenkant St. | Central*

7 SOUTH AFRICAN MUSEUM [127 D5]

Das älteste Museum im südlichen Afrika existiert bereits seit 1825. Es dokumentiert Natur und Kultur des Subkontinents in großer Ausführlichkeit. Hier sind u.a. ganze Höhlen mit ihrer Felsbemalung nachgebaut. Eine große Fossiliensammlung ist genauso Teil der Ausstellung wie ein 20 m langes Blauwalskelett. Angeschlossen ist außerdem ein Planetarium. *Tgl. 10–17 Uhr | www.izi ko.org.za/sam | 25 Queen Victoria St. | Central*

8 SOUTH AFRICAN NATIONAL GALLERY [127 D5]

Das Museum gehört zu den bekanntesten des Landes. Das verdankt es seiner Sammlung europäischer und afrikanischer Kunst der letzten Jahr-

hunderte und den Wechselausstellungen mit zeitgenössischer Kunst. *Di bis So 10–17 Uhr | www.iziko.org.za/ sang | Government Av. | Central*

Traditionelles Tanzkostüm im South African Museum

9 TUYNHUIS [127 D5]

Von den Company Gardens aus hat man einen Blick auf das Tuynhuis, das 1700 als Unterkunft für Würdenträger der Handelsgesllschaft der Vereenigden Oost-Indischen Compagnie (VOC) gebaut wurde. In den folgenden Jahrhunderten wurde es mehrmals umgebaut. In dem von Anton Anreith gestalteten Giebelfeld, das einem dreieckigen, durch zwei Figuren gehaltenen Tuch nachempfunden ist, ist das Emblem der VOC noch erhalten. Anreith hat sich noch an vielen weiteren Fassaden der Stadt verewigt. Heutzutage empfängt der südafrikanische Präsident im Tuynhuis Staatsgäste. Kapstädter erzählen sich noch heute, wie Nelson Mandela während seiner Amtszeit immer wieder durch den Garten spaziert ist und mit erstaunten Touristen ein kleines Schwätzchen durch die Latten des Gartenzauns gehalten hat. *In der Regel nur von außen zu besichtigen, für Innenbesichtigungen im Tourismuscenter nachfragen | Government Av. | Central*

>LOW BUDGET

> Kostenlose Stadtführungen bietet *Cape Town Partnership* an, eine Public Private Partnership Organisation, die sich zum Ziel gesetzt hat, die Entwicklungen in der Innenstadt Kapstadts voranzutreiben. Es gibt unterschiedliche Routen. Man kann dabei entweder die östliche Innenstadt mit *City Hall* und *Grand Parade* erkunden, eine spezielle Tour mit Informationen über neue Bau- und Investitionsprojekte in der Innenstadt machen oder sich einer Shoppingtour über die Märkte und durch die Boutiquen anschließen *(Tel. 491 18 81 | www.capetownpartnership.co.za)*.

> Wer den Aufstieg auf den *Lion's Head* alleine scheut, kann sich einer Wanderung der *Friends of Lion's Head* anschließen, die oft über außergewöhnliche Routen den Berg besteigen und dafür nur eine kleine Spende erwarten.

NÖRDLICHE CITY BOWL

> **Den Charakter des unteren Teils der City Bowl prägen hauptsächlich die Hochhäuser, deren Leuchttafeln bei Nacht die ganze Innenstadt überstrahlen.** Hier finden sich aber auch viele historische Gebäude, die an Zeiten erinnern, in denen Kapstadt eines der Handelszentren zwischen Europa und Südostasien war und später zu einer Hochburg der menschenverachtenden Apartheidspolitik wurde. Und nicht zuletzt steht hier die berühmte St. George's Cathedral, von der aus Erzbischof Desmond Tutu seinen friedlichen, hartnäckigen Kampf gegen die Apartheid geführt hat.

■ CASTLE OF GOOD HOPE ★ [127 E–F5]

Die fünfeckige Festung liegt mitten in der Stadt. Sie ist der älteste Kolonialbau Südafrikas. Zwischen 1666 und 1679 wurde sie von der „Vereenigde Oost-Indische Compagnie" (VOC) nach europäischen Vorbildern erbaut. Bei einer der kostenlosen Führungen können Sie sich auch die Kerkerräume ansehen! Außerdem beherbergt sie eine Schmiedewerkstatt und verschiedene Museen. Empfehlenswert ist vor allem die *William Fehr Collection.* Sie umfasst Malerei, Möbel und Gebrauchsgegenstände von den Anfängen der Kolonialisierung Südafrikas bis zur Mitte des 19. Jhs. Darstellungen von Kapstadt und den hier lebenden Menschen vermitteln einen besonderen Eindruck der Kolonialzeit sowie der europäischen und asiatischen Einflüsse. Das *Castle*

Military Museum bietet einen Überblick über die Militärgeschichte Kapstadts. *Tgl. 9.30–16 Uhr, kostenlose Führungen Mo–Fr 11, 12 und 14 Uhr | Tel. 464 12 60/-4 | www.iziko. org.za/castle | Ecke Buitenkant/Darling St. | Central*

2 CITY HALL/GRAND PARADE   [127 E5]

Die 1905 im Stil der italienischen Renaissance erbaute City Hall beher-

gewartet. Die Grand Parade wird heute hauptsächlich als Park- und Marktplatz genutzt. *Nur von außen oder bei Konzerten (siehe „Am Abend") zu besichtigen | Darling St. | Central*

3 DISTRICT SIX MUSEUM   [127 E5]

District Six ist der Name eines Stadtteils mit kaum zu fassender Geschichte *(siehe „Stichworte")*. Das Museum

Heute nur noch Show: Wachwechsel im Castle of Good Hope

bergt heute die Innenstadt-Bibliothek sowie eine Konzerthalle. Der Turm des Gebäudes ist eine Nachbildung des Big Ben. Auf dem Balkon der City Hall trat Mandela im Februar 1990 zum ersten Mal nach der Freilassung aus seinem Arrest in Paarl in den Wine Lands vor die Öffentlichkeit. Etwa 100 000 Menschen hatten auf dem Platz vor der City Hall, der *Grand Parade,* stundenlang auf ihn

wurde in Zusammenarbeit mit ehemaligen Bewohnern des Stadtteils gestaltet, die persönliche Erinnerungsstücke zur Verfügung gestellt haben. In einer kleinen nachgebauten Wohnung lebt die Atmosphäre des Stadtteils wieder auf. In einem überdimensionalen Stadtplan haben sich die Bewohner an ihren früheren Adressen verewigt, und auf großen Tafeln ist die Zerstörung des Viertels dokumentiert. Auf Anfrage werden Gruppenführungen ab mindestens fünf Personen durch den Stadtteil angeboten (50 Rand/Person). *Mo 9–14.30, Di–Sa 9–16 Uhr, So nur nach Anmeldung | Tel. 466 72 00 | www.districtsix.co.za | 25 Buitenkant St. | Central*

4 GREENMARKET SQUARE [127 D4]
Jeder Tourist landet hier irgendwann. Denn es ist wirklich nett auf dem Greenmarket Square. Die Verkäufer sind immer zu einem Schwätzchen aufgelegt, ihre Waren kommen wie sie selbst vom ganzen Kontinent. Es gibt Schnitzereien, Schmuck, Recycling-Kunst und aus Draht gebaute Radios. *Mo–Sa 9–16 Uhr | Greenmarket Square | Central*

5 GROOTE KERK [127 D4–5]
Das älteste Kirchengebäude Südafrikas wurde 1704 zum ersten Mal vollendet und bis 1836 zweimal erweitert und renoviert. Daher vermischen sich hier die architektonischen Stile. Der Turm ist Teil des Ursprungsbaus. Die auf den Schultern zweier Löwen ruhende Kanzel stammt aus dem Jahr 1798 und ist das Werk der Bildhauer Anton Anreith und Jan Graaf. Die zunächst naturgetreu bemalten Löwen machten der Gemeinde aber solche Angst, dass sie später nur noch einfarbig sein durften. Die Gruft von Groote Kerk kann mit einiger Prominenz aufwarten: Unter anderem liegt hier Simon van der Stel, der ab 1691 Gouverneur der Kapkolonie war. *Mo–Fr 10–14 Uhr | Adderley St. | Zugang von Church Square | Central*

6 THE OLD SLAVELODGE [127 D5]
In der 1679 erbauten Slavelodge wurden zeitweise über 500 Sklaven der VOC zusammengepfercht. Die Lodge ist das zweitälteste Kolonialgebäude der Stadt und wurde im Laufe der Jahrhunderte vielseitig genutzt: Nicht nur Sklaven und Prosti-

Erste Adresse für phantasievolles Kunsthandwerk: Greenmarket Square

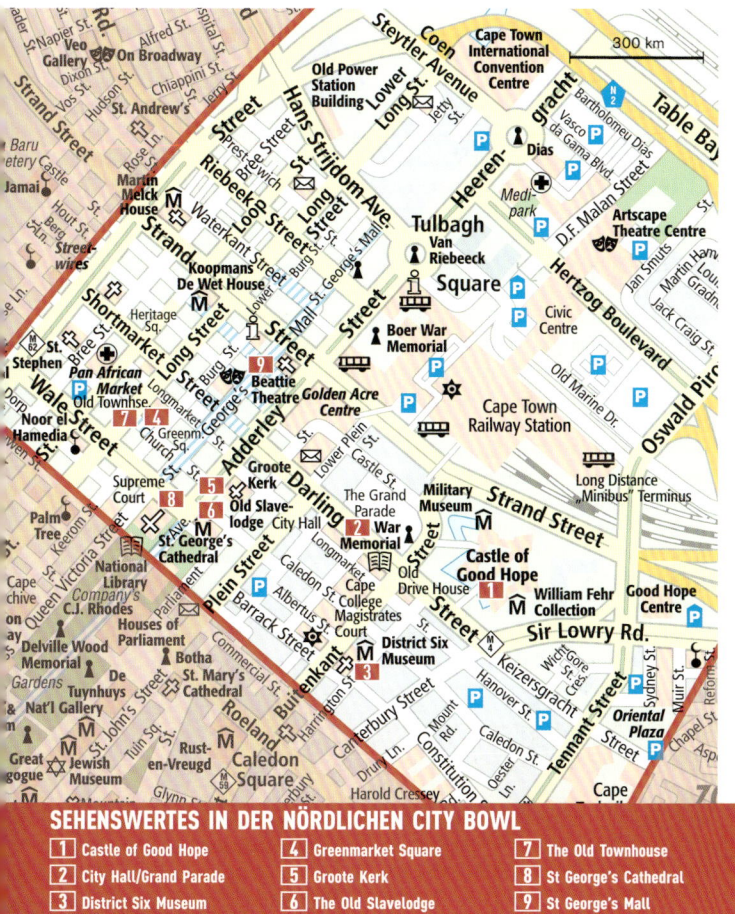

tuierte waren hier untergebracht, sondern ab dem 19. Jh. auch die Büroräumlichkeiten der Regierung und zeitweise der Oberste Gerichtshof. Heute ist die Slavelodge ein Museum. Zur ständigen Sammlung gehören Gegenstände aus der Antike, Keramiken, Spielzeug, Silber und Stoffe aus der Geschichte Südafrikas sowie einige Werke der Khoisan, der Ureinwohner des Landes. Außerdem werden Wechselausstellungen gezeigt: Hier stehen Menschenrechtsthemen und die internationale Geschichte der Sklaverei im Mittelpunkt. *Mo–Sa 10–17 Uhr | www.izi*

ko.org.za/slavelodge | *49 Adderley St.* | *Central*

▪7 THE OLD TOWNHOUSE [127 D4]

Am Rand des Greenmarket Square steht das 1755 im Kap-Rokoko-Stil

Tutus Kirche: St George's Cathedral

erbaute ehemalige Rathaus der Stadt. Nach einer Karriere als Stadtwache, Verwaltungs- und Gerichtsgebäude hat man das Old Townhouse heute der Kunst gewidmet. Seit fast einem Jahrhundert ist es Heimat der weltbekannten *Michaelis Collection,* einer Sammlung holländischer und flämischer Meister des 17. Jhs. *(Mo–Fr 10–17, Sa 10–16 Uhr | Eintritt frei).*

Der weiße Kreis auf dem Fußboden des Eingangsbereichs ist übrigens der offizielle Mittelpunkt der Stadt: Von hier aus werden alle Entfernungen gemessen. Ein Besuch des Cafés im bezaubernden Garten hinter dem Gebäude lohnt genauso wie ein Abend mit klassischem Konzert in den historischen Räumen. Informieren Sie sich über Termine vor Ort oder bei der Tourismus-Information. *Greenmarket Square* | *Longmarket St.* | *Central*

Insider Tipp

▪8 ST GEORGE'S CATHEDRAL [127 D5]

Die zu Beginn des 20. Jhs. erbaute Kirche ist weniger für ihren neogotischen Baustil berühmt als vielmehr für ihre Geschichte: Erzbischof Desmond Tutu, Friedensnobelpreisträger und Vorsitzender der Wahrheitskommission, die die Verbrechen des Apartheidsregimes aufarbeitete, hämmerte am 7. September 1986 gegen die Türen der Kirche. Er wollte so seiner Forderung Nachdruck verleihen, erster schwarzer Erzbischof in der Geschichte Südafrikas zu werden. Drei Jahre später erfüllte sich sein Wunsch. Tutu bezeichnete diese Kirche als den Ort des Widerstands gegen die Apartheid. Und noch heute hält die von allen Südafrikanern verehrte Moralinstanz hier gelegentlich Gottesdienste ab. An manchen Abenden gibt das Kapstädter Symphonieorchester Konzerte (gute Akustik!). *Mo–Fr 8–17, Sa 8–12.30 Uhr; So zu den Gottesdiensten 7, 8, 10, 11 Uhr | Tel. 424 73 60* | *www.stgeorgescathedral.com* | *1 Wale St.* | *Central*

▪9 ST GEORGE'S MALL [127 D–E4]

Der Businessboulevard in der Innenstadt. Tagsüber eilt die Kapstädter

Geschäftswelt von Termin zu Termin oder verbringt die Mittagspause in den Cafés und Snackbars. Nebenan bieten Straßenhändler traditionelles Kunsthandwerk an. Nach Geschäftsschluss leert sich die Fußgängerzone allerdings so schnell, dass man am Abend das Gefühl hat, im Zentrum einer Geisterstadt zu stehen.

WATERFRONT, BO-KAAP UND GREEN POINT

> Um die City Bowl herum liegen Stadtviertel von ganz unterschiedlichem Charakter. Die im Hafen gelegene Waterfront ist das touristische Herzstück und die beliebteste Shoppingadresse Kapstadts. Hier befinden sich auch einige der teuersten Hotels und Restaurants und die Anlegebrücken der Bootstouren nach Robben Island. In den Shoppingmalls und Kinos verbringen aber auch unzählige Kapstädter ihre Frei-

zeit. Die Häuschen des Bo-Kaap-Viertels sind die Heimat vieler Muslime in Kapstadt. In unmittelbarer Nachbarschaft liegen die schicken Cottages des Viertels De Waterkant.

Bo-Kaap ist das Viertel der Muslime

Und Green Point mit seinen vielen Restaurants und Cafés ist außerdem für sein Fußballstadion bekannt. Das wurde eigens für die Fußballweltmeisterschaft 2010 aufwendig ausgebaut.

> SICHERER IST SICHERER
Die wichtigsten Regeln für einen ungefährdeten Urlaub

Die Sicherheitslage hat sich in Kapstadt in den letzten Jahren deutlich verbessert. Um die Innenstadt sicherer und sauberer zu machen, wurde eine eigene Organisation gegründet, die entsprechend geschultes Personal stellt; außerdem gibt es inzwischen im gesamten Zentrum Überwachungskameras. Damit Sie Ihren Urlaub unbeschwert genießen können, sollten Sie sich unbedingt an folgende Verhaltensregeln halten: Spazieren Sie nach Einbruch der Dunkelheit nicht durch entlegene Seitenstraßen. Unternehmen Sie Wanderungen in die Natur immer nur in der Gruppe, mindestens zu dritt. Lassen Sie wertvollen Schmuck und Uhren dabei besser im Hotelsafe. Sollte Ihnen während Ihres Urlaubs dennoch etwas zustoßen, erreichen Sie unter der Nummer *Tel. 107* bzw. *Tel. 480 77 00* ein von der Stadt und der Tourismusbehörde eingerichtetes Notfallcenter, das Ihnen hilfreich zur Seite steht.

Hip, charmant und lebendig präsentiert sich das Viertel De Waterkant

1 BO-KAAP ⭐ [126–127 C–D3]

Das Viertel hat weniger den Charakter eines Stadtteils als den eines muslimischen Dorfs – mit verwinkelten Gassen, bunt angestrichenen Häuschen und elf Moscheen; eine davon ist die älteste ganz Südafrikas. In der Nachbarschaft leben hauptsächlich Kapmalaien, die meisten Familien seit vielen Generationen. 1834 siedelten sich im Bo-Kaap die ersten freigelassenen Sklaven an und bauten sich eine Existenz auf. Das *Bo-Kaap Museum (Mo–Sa 9–17 Uhr | Eintritt 10 Rand | 71 Wale St.)* zeigt die Geschichte dieses Viertels und seiner Menschen in beeindruckenden Bildern. Noch heute erinnert der *Coon Carnival* an die Zeit der Sklaverei: Weil die Sklaven an Neujahr arbeiten mussten, feierten sie den Start des neuen Jahres in den Tagen danach. Seitdem ziehen im Januar regelmäßig Bands durch die Stadt. Im Bo-Kaap wird der traditionelle Umzug am 3. Januar von Tausenden von Menschen empfangen, die sich bis zu seiner Ankunft mit den Leckereien der Imbissstände die Zeit vertreiben. Wer die Nachbarschaft besser kennen lernen will, sollte unbedingt eine **Bo-Kaap Cooking Experience** Inside Tipp buchen! In einer kleinen Gruppe geht man erst beim Halaal-Metzger und im Gewürzladen einkaufen und kocht damit bei einer Familie zu Hause kapmalaiische Spezialitäten *(Tel. 790 25 92 | www.andulela.com)*.

2 DE WATERKANT ⭐ [127 D3]

Das Viertel De Waterkant wird in Kapstadt selbst *Cape Quarter* genannt. Es ist ein Stadtteil mit zauberhaftem Charme und das Herz der Schwulenszene. Von seiner Vergangenheit als Rotlichtviertel ist dem Stadtteil heute nichts mehr anzusehen. Das den Namen gebende Cape Quarter selbst umfasst einen gesamten Block und beherbergt einige der elegantesten Einrichtungs- und Designboutiquen und ein paar der

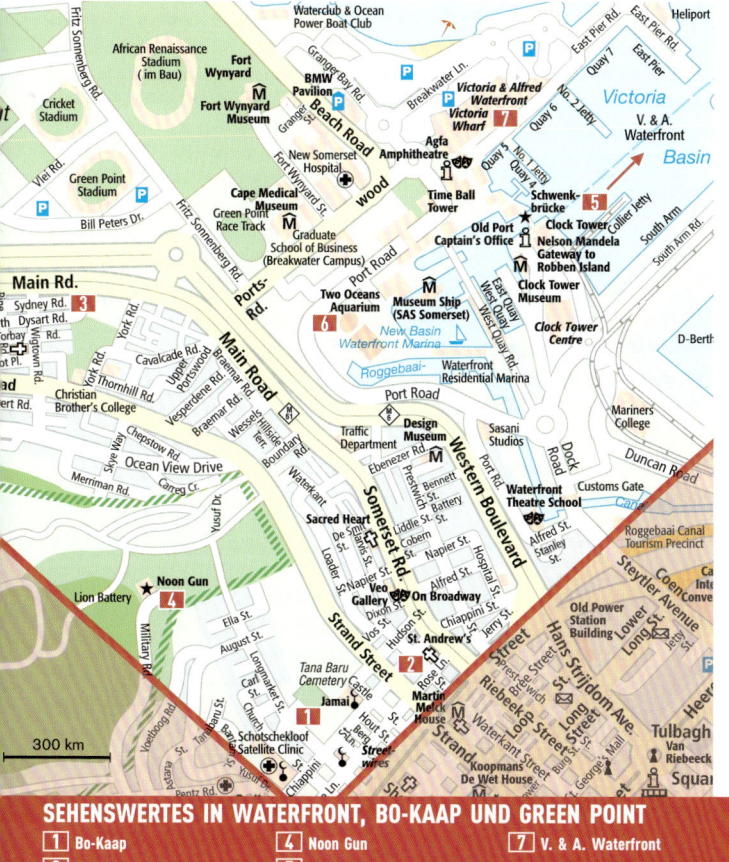

hippsten Bars der Stadt. Außerdem gibt es hier viele Übernachtungsmöglichkeiten, elegante Guest Houses und kleine Hotels, besonders beliebt sind die historischen Cottages *(siehe „Übernachten")*. Man fühlt sich hier fast wie in einem Feriendorf.

3 **GREEN POINT** ☼   [126 B–C1]

Bevor die Entscheidung fiel, das Fußball-WM-Stadion in Green Point zu errichten (übrigens unter der Federführung eines deutschen Architekturbüros, das auch schon die Stadien von Frankfurt, Köln und Berlin um bzw. neu gebaut hat), gab es zwischen der Stadt und den Anwohnern heftigen Streit. Das Gebiet, auf dem das Stadion steht, war der Stadt 1923 vom englischen König George V. als Naherholungsgebiet überlassen worden. Für das neue Stadion mussten jetzt unter anderem ein Golfplatz und das alte Stadion weichen. Geblieben allerdings ist der Markt, für den hier jeden

🔲 NOON GUN ☼ [126 C3]

Die Tradition des Kanonenschusses, der täglich außer sonntags und an Feiertagen um 12 Uhr mittags abgefeuert wird, geht zurück auf das Jahr 1806: Seitdem wird die Kanone, die hoch oberhalb des Bo-Kaap-Viertels steht, ab 11.30 Uhr mit über 3 kg Schießpulver geladen und um Punkt

Haie und andere Meeresbewohner bevölkern die Schaubecken des Two Oceans Aquarium

Sonntag Hunderte von Händlern ihre Stände aufbauen, um Gebrauchsgegenstände und Kunsthandwerkliches anzubieten *(siehe auch Kapitel „Einkaufen"),* und die Main Road mit ihren vielen Restaurants und Boutiquen. Auch nach dem Ende der Weltmeisterschaft sind die Bauarbeiten nicht abgeschlossen. Jetzt wird ein Teil des hochmodernen Fußballtempels nämlich wieder zurückgebaut ...

12 Uhr abgefeuert. Früher diente der Böllerschuss als Zeitzeichen für die Kapitäne der vorbeifahrenden Schiffe, nach dem sie den Chronometer an Bord stellen konnten. Heute ist es eher das Signal für die Geschäftswelt, langsam darüber nachzudenken, wo man wohl die anstehende Mittagspause am schönsten verbringen könnte. *Military Road | Signal Hill (ab Buitengracht St. ausgeschildert)*

> www.marcopolo.de/kapstadt

5 ROBBEN ISLAND ⭐ [U A1]

Die Insel vor der Table Bay ist das eindrucksvollste Zeichen für die Härte, mit der das Apartheidsregime gegen seine Gegner vorgegangen ist. Nelson Mandela verbrachte hier den Großteil seiner Haft, und noch heute ist seine Zelle eine Pilgerstätte für Touristen wie für Südafrikaner. Die Führungen auf der Insel, die 1999 zum Weltkulturerbe erklärt wurde, werden von ehemaligen Häftlingen geleitet, die durch ihre persönlichen Erinnerungen einen Eindruck vom Leben auf Robben Island vermitteln. Zu der knapp vierstündigen Tour gehört auch die Überfahrt auf der Fähre (je Strecke ca. 30 Min.). Weil die Touren sehr gefragt sind, empfiehlt es sich, frühzeitig zu buchen. *Tgl. stdl. 9–15 Uhr, in der Hochsaison auch 17 Uhr | Tickets 180 Rand | Tel. 413 42 20 | www.robben-island.org.za | Victoria & Alfred Waterfront, Nelson Mandela Gateway am Clock Tower*

6 TWO OCEANS AQUARIUM [127 D2]

Hier wandert man trockenen Fußes durch die schillernde Unterwasserwelt sowohl des Indischen Ozeans als auch des Atlantiks. Besucher mit Lust auf Nervenkitzel können in einem 2 Mio. l fassenden Becken mit einem etwa einstündigen Tauchgang mit Haien, Meeresschildkröten und Rochen auch auf Tuchfühlung gehen. Sie brauchen dafür allerdings einen Tauchschein. Die Familie kann dabei vom Besucherraum aus durch dicke Acrylscheiben zuschauen. *Tgl. 9.30–18 Uhr | Eintritt 85 Rand, Tauchgang (inkl. Ausrüstung) 485 Rand | Tel. 418 38 23 | www.aquarium.co.za | Victoria & Alfred Waterfront | Dock Road*

7 VICTORIA & ALFRED WATERFRONT ⭐ [127 D–E1]

Die Victoria & Alfred Waterfront ist eine der größten Touristenattraktionen der Stadt und auch für diejenigen einen Besuch wert, die um die größ-

> ## DIE UNVOLLENDETE
Stadtautobahn ins Nirgendwo

Mitten in der Innenstadt ragt ein unfertiges Stück Highway über eine viel befahrene Kreuzung an der Buitengracht Street. Gebaut wird hier schon seit den 1960er-Jahren nicht mehr. Stattdessen finden hier gelegentlich Foto-Shootings und Filmdrehs statt. Das Schönste an der „Unvollendeten" aber sind die Mythen, die ihre Pfeiler umranken: So sollen sich z.B. die Ingenieure verrechnet und er so gebaut haben, dass ihr Gegenstück auf der anderen Seite, 1 km weiter südlich, niemals treffen würde. Eine andere Geschichte geht so: Ein Ladenbesitzer weigerte sich, sein Grundstück abzugeben, und blockierte so den Weiterbau. Version 3: Der Stadt soll während der Bauarbeiten das Geld ausgegangen sein. Die wahrscheinlichste Variante: Die Straßenplaner haben den Brückenkopf seinerzeit prophylaktisch anlegen lassen, um bei Bedarf das Straßennetz dem steigenden Verkehrsaufkommen schnell anpassen und die Brücke mit dem anderen Stück verbinden zu können.

Immer was los: V&A Waterfront

Kreuzfahrtschiffe vor Anker gehen. Die Waterfront ist nicht nur bei Touristen beliebt, vor allem an den Wochenenden tummeln sich hier auch viele Kapstädter, die ihre Einkäufe erledigen und anschließend mit einem Eis in der Hand am Hafenbecken entlang spazieren oder den Abend in einem der Kinos ausklingen lassen.

AUSSERDEM SEHENSWERT

CAMPS BAY [124 A–C 2–3]

Wenn man den Stadtteil, der sich gegen die Bergketten der Zwölf Apostel lehnt, heute sieht, kann man kaum glauben, dass sich bis ins 20. Jh. hinein niemand hier niederlassen wollte. Die holländischen Gründungsväter waren von dem heute so beliebten Strand völlig unbeeindruckt. Sie hielten das Gebiet für unattraktiv, weil es zu weit vom Stadtkern entfernt liegt. Erst in der jüngeren Vergangenheit entwickelten sich Camps Bay und das benachbarte Clifton zum Hort von Schönheit und Reichtum: Immer mehr Villen und edle Hotels sind in den letzten Jahren hier entstanden, und inzwischen können sich nur noch eine kleine Kapstädter Minderheit und wohlhabende Ausländer ein Grundstück im Schatten der Berge leisten. Die Strandpromenade ist gesäumt von schicken Bars und Restaurants. Ein Stadtmagazin hat den weiten, weißen Strand einmal „Côte de Camps Bay" genannt. Hier finden Sie auch die beste Eisdiele der Stadt. Im ersten Stock des Promenade Centre versteckt sich *Sinnfull Ice Cream Emporium* – die

Inside Tipp

ten Touristenattraktionen sonst am liebsten einen großen Bogen machen. Ihren Namen hat die V&A Waterfront von zwei Hafenbecken, die nach Victoria, der Königin von England, und ihrem Sohn Alfred benannt sind. Um die Becken herum wurde in den 1990er-Jahren ein Vergnügungs- und Shoppingviertel errichtet. Hier stehen erstklassige Hotels, Edelboutiquen liegen neben Supermärkten und Department-Stores, feine Restaurants teilen sich die Terrasse mit der Niederlassung einer Fastfood-Kette und auf der Open-Air-Bühne finden Jazzfestivals, indische Tanzabende und Filmvorführungen statt. Gleichzeitig ist der Hafen noch in Betrieb, weswegen immer wieder Fischerboote ein- und auslaufen und gelegentlich

Eissorten sind so außergewöhnlich wie lecker (*tgl. 10–23.30 Uhr | Shop No. 5, Promenade Centre | Victoria Road*).

CLIFTON I–IV [125 D5–6]

Die Strände von Clifton sind in vier Abschnitte unterteilt, die teilweise durch ins Meer ragende Felsen voneinander abgegrenzt sind. Ans Wasser gelangt nur, wer seinen Wagen auf der Hauptstraße zwischen der Innenstadt und Camps Bay parkt (einen Parkplatz zu finden, kann allerdings vor allem an Wochenenden zu einer nervenaufreibenden Mission werden) und eine der Treppen nach unten steigt. Was die Clifton-Strände so einzigartig macht, ist die Lage: Eingebettet zwischen meerstöckigen Gebäuden und Felsen ist es hier meistens ein bisschen windstiller als an den anderen Stränden.

DEVIL'S PEAK [U B2]

Der knapp über 1000 m hohe Berg begrenzt den Tafelberg zu der von der Innenstadt aus gesehen linken Seite des Bergmassivs. Die schönsten Blicke auf seinen Gipfel hat man vom

Park um das *Rhodes Memorial* aus. Von hier aus führen auch Wanderwege am Berg entlang.

GROOT CONSTANTIA ★ [U B3]

Die Weinfarm im Constantia-Tal ist das älteste Weingut Südafrikas und das einzige mit angeschlossenem Museum zur Geschichte des Kaps im Allgemeinen und dem Weinanbau im Speziellen. Es werden auch Führungen durch den Weinkeller angeboten. Die Farm wurde 1685 vom späteren Gouverneur am Kap, Simon van der Stel, gegründet. Sein mit kostbaren Möbeln, Gemälden und Porzellan ausgestattetes Wohnhaus ist noch immer so gut erhalten, dass man das Gefühl hat, im nächsten Moment könnte der Hausherr um die Ecke biegen, um die Gäste höflich zu bitten, sein Wohnzimmer zu verlassen.

Gleich daneben findet man eines der beiden Restaurants der Farm: Im *Jonkershuis (Tel. 794 62 55 | €€)* wird traditionelle Küche zubereitet, z. B. der *Malay Platter*, eine Zusammenstellung kapmalaiischer Köstlichkeiten. Genießen Sie die Aussicht: Von hier aus können Sie sehen, wo die

> LITTLE AMSTERDAM
Warum manche Straßen nach Grachten benannt sind

Ein Relikt der holländischen Vergangenheit ist aus dem Stadtbild mittlerweile fast ganz verschwunden: Ab Ende des 17. Jhs. ließ Gouverneur Simon van der Stel zur besseren Wasserversorgung der Innenstadt Grachten nach holländischem Vorbild anlegen. Die bescherten der Stadt den Beinamen „Little Amsterdam". Bis Mitte des 19. Jhs. wurden die Kanäle

weiter ausgebaut, obwohl sie durch den Straßenmüll und den Dreck der Pferdekarren ständig verschmutzt waren. Als sie wieder zugeschüttet wurden, war dies deshalb ausgesprochen kostspielig. An einer versteckten Stelle zwischen dem Zaun des Tuynhuis und Company Gardens ist heute noch einer der Gräben zu sehen.

Kapfläche am Horizont in den Ozean fließt. Sonntags findet auf Groot Constantia bei gutem Wetter ein kleiner *Antikmarkt* statt, auf dem Sie Schmuck und alte Bücher erstehen können *(10–16 Uhr)*. Charmante,

KIRSTENBOSCH NATIONAL BOTANICAL GARDENS ⭐ [U B2–3]

Der Park, nur etwa 5 km vom Stadtzentrum entfernt, ist eines der Schmuckstücke Kapstadts. Entworfen im Jahr 1895, zählt er heute zu

Blühende Landschaften: Blick vom Signal Hill auf den Tafelberg

kleinere Weingüter wie Buitenverwachting, Constantia Uitsig, Klein Constantia und das elegante Steenberg liegen in unmittelbarer Nachbarschaft. *Tgl. 10–17 Uhr | Tel. 794 51 28 | Die Weinfarm befindet sich in Zentrumsnähe; fahren Sie über die M3 und M41 (Ausfahrt: Constantia) und biegen Sie nach ca. 1 km nach links zur Weinfarm ab.*

den schönsten Parkanlagen der Welt. Die Artenvielfalt ist überwältigend: Über ein Drittel der 22 000 in Südafrika vorkommenden Pflanzen wachsen in Kirstenbosch. Zwischen Dezember und April finden auf der Openairbühne die von den Kapstädtern geliebten Sommerkonzerte statt. Vor traumhafter Bergkulisse verbringt man den Abend auf einer

> *www.marcopolo.de/kapstadt*

Wiese bei Picknick und Wein und hört den Größen der südafrikanischen Musikszene zu. *Sept.–März tgl. 8–19, April–Aug. tgl. 8–18 Uhr | Eintritt 32 Rand | Rhodes Drive | Newlands*

LION'S HEAD UND
SIGNAL HILL ✿   [125 E5][126 B3]

Der Lion's Head ist ein besonders guter Ort, um der Sonne beim dekorativen Versinken im Atlantik zuzusehen. Von der M 62 geht eine Straße in Richtung Signal Hill ab. Nach 300 m finden Sie einen Wanderweg, der auf den Lion's Head führt. Die gesamte Tour dauert etwa zweieinhalb Stunden. Sollte unterwegs etwas passieren, erreichen Sie unter *Tel. 086/110 64 17* das Rettungsteam der *Mountain Rescue.* Wem der Fußmarsch zu anstrengend ist, der fährt einfach im Auto weiter bis zum Signal Hill und genießt auch von dort einen traumhaften Blick über das Meer zur einen und die Stadt zur anderen Seite. Unterhalb des Gipfels des Lion's Head starten Paraglider zu Flügen über Camps Bay und das Meer. Ein Tandemsprung mit einem erfahrenen Piloten ist ein unvergessliches Erlebnis *(z.B. Para-Taxi | Tel.*

Insider Tipp

082/966 20 47 | www.para-taxi.com). Kloof Nek Road | auf der M 62 zwischen Camps Bay und Innenstadt ausgeschildert

OBSERVATORY   [129 E–F 4–5]

Das Studentenviertel gilt als die „Ferienresidenz" der internationalen Backpackerszene. Zentrum von „Obs" ist die ▶▶ *Lower Main Road* mit ihren Cafés, Bars und Geschäften der Alternativszene. Die Stimmung hier beschrieb der südafrikanische Comedystar Kurt Schoonraad, der selbst in der Nachbarschaft wohnt, so: „Wenn man hier jemanden auf der Straße fragt, wie spät es ist, wird er darauf antworten: Keine Ahnung, vielleicht Winter?" Tagsüber kann man in einem der netten Straßencafés einen Kaffee trinken, z.B. bei 🔊 *Mimi (tgl. | 107 Lower Main Road),* und abends in den Kneipen Billard spielen oder tanzen. Einmal im Jahr findet hier das „Obs-Fest" statt: Am ersten Wochenende im Dezember bauen sämtliche Kneipen und Cafés ihre Tische und Stühle auf der Straße auf. Von einer großen Bühne aus beschallen die Größen der Kapstädter und Johannesburger Musikszene die Straße.

> RICHTIG FIT!
Wo Sie schwitzen und schwimmen können

Wer auch im Urlaub nicht auf einen Besuch im Fitnessstudio verzichten möchte, ist in den Filialen der Kette *Virgin Active* richtig aufgehoben. Die Ausstattung entspricht dem aktuellen Stand, es werden Fitnesskurse wie Spinning angeboten, und manche der Fitnesstempel verfügen sogar über einen eigenen Swimmingpool. *Tagesgebühr um 120 Rand (z.B. Wembley Square | Solan Rd./Wesley Str. | Mo–Do 5–22, Fr 5–21, Sa/So 7–20 Uhr | Tel. 462 62 39 | weitere Standorte unter www.virginactice.co.za).*

AUSSERDEM SEHENSWERT

RHODES MEMORIAL 〰   [U B2]

Das einem griechischen Tempel nachempfundene Monument oberhalb der Universität von Kapstadt wurde zu Ehren von Cecil Rhodes erbaut, der 1870 als 17-jähriger, verarmter Jugendlicher in Kapstadt ankam und 1902 als Millionär starb. Sein Vermögen machte er mit den Diamantvorräten von Kimberley. Rhodes war ein größenwahnsinniger Politiker, der das Land Rhodesien (heute Simbabwe) gründete und für sein eigenes Denkmal Granit aus dem Tafelbergmassiv brechen ließ. Von hier oben hat man einen traumhaften Ausblick über die Ebene zwischen der Innenstadt und der False Bay, und an einem sonnigen Nachmittag ist das Café nebenan ein zauberhafter Ort für eine Tasse Tee und ein Stück Kuchen *(tgl. 9–17 Uhr). Rhodes Drive | Newlands | Groote Schuur Estate (von der M 3 stadtauswärts ausgeschildert)*

Insider Tipp

Insider Tipp
SANDY BAY   [U A3]

Etwas abseits liegt der Strand von Sandy Bay. Gerade an den Wochenenden der Hochsaison findet man hier noch die Ruhe, die an den anderen Stränden im Trubel untergeht. Nach Sandy Bay gelangen Sie, wenn Sie der Hauptstraße, die durch Camps Bay führt, immer weiter folgen und rechts nach Llandudno abfahren. Dort angekommen, folgt ein etwa 20-minütiger Fußmarsch auf einem kleinen Trampelpfad, bis Sie den Strand unterhalb des Berges *Little Lion's Head* erreichen (der Weg ist ausgeschildert). Wenn Sie, endlich angelangt, feststellen, dass Sie Ihre Badehose vergessen haben: Das macht hier gar nichts. Sie werden nicht der Einzige ohne Stoff am Körper sein; Sandy Bay ist nämlich das inoffizielle FKK-Paradies Kapstadts.

SEA POINT   [125 E–F 2–3]

Sea Point liegt direkt am Meer und ist trotzdem einigermaßen bodenständig. An der Strandpromenade reihen sich die Apartment-Hochhäuser aneinander, und durch die Main Road fahren tagsüber hupende Minitaxis auf ihren Pendeltouren zwischen Camps Bay und der Innenstadt. In den Restaurants und Imbissbuden entlang der Main Road kann man um die ganze Welt speisen. Und an manchen Geschäften erkennt man, dass Sea Point jüdisch geprägt ist. Weil das Ufer hier steinig ist, hat Sea Point keinen Strand, dafür eine breite Promenade, die abends von Lichterketten beleuchtet wird. Sonntags flaniert hier der ganze Stadtteil. Die Strandpromenade gehört zu den beliebtesten Joggingstrecken der Stadt. Weil der breite Weg zwischen Meer und Grünstreifen auch gut befahrbar ist, teilen sich die Läufer die Strecke vor allem am Wochenende mit Inlineskatern. Wem der Ozean zum Schwimmen zu kalt ist, der kann hier trotzdem in Salzwasser baden: Am Ende der Promenade gibt's den einzigen *Meerwasserpool* Kapstadts *(Okt.–März tgl. 7–19, April–Sept. 8.30–17 Uhr | Eintritt 9 Rand | Tel. 434 33 41 | Beach Road).*

Insider Tipp

TAFELBERG ⭐ 〰   [U B2]

Viele Wege führen auf den Tafelberg, genauer gesagt: etwa 500. Der bequemste ist die Fahrt mit der Seilbahn von Kloof Nek aus. Darüber hinaus gibt es unterschiedliche Wander- und Kletterrouten auf den Berg. Eine

Wanderkarte bekommen Sie u.a. im Info-Center im Clocktower der Waterfront oder im Botanischen Garten in Kirstenbosch. Von Kirstenbosch aus startet auch die ==schönste Strecke auf den Berg==. Je nach Kondition braucht man für den Aufstieg 2–3 Stunden: Meistens schattig führt die Route von *Skeleton Gorge* über *Smuts Track* zum *Maclears Beacon*. Vorsicht bei Regen: Der steinige Weg, der an einigen Stellen über Holzleitern führt, kann dann rutschig werden. In der Nähe der Seilbahn führt ein weiterer Weg über die *Plattklip Gorge* – eine schmale Schlucht, die steil und deshalb zügig nach oben führt. Packen Sie eine Wanderkarte, genügend Wasser, feste Schuhe, Sonnencreme, etwas zu essen sowie warme, wasser- und windfeste Kleidung ein. Oben wird es schnell frisch,

Insider Tipp

vor allem, wenn unvermittelt Wolken aufziehen. Achten Sie bitte außerdem darauf, dass Ihr Handyakku noch ausreichend geladen ist, damit Sie im Notfall zumindest die Nummer der *Mountain Rescue (Tel. 948 99 00)* oder der *Kirstenbosch Security (Tel. 799 86 18)* noch wählen können.

Auf dem Tafelberg angekommen, erwartet Sie ein atemberaubender Blick in alle Himmelsrichtungen und über alle um den Berg verteilten Stadtviertel. Außerdem haben Sie vielleicht das Glück, einige wild lebende Tiere zu beobachten. Die Meerschweinchen ähnelnden Dassies laufen Ihnen schon direkt an der Seilbahnstation über die Füße. Scheuer sind die Bergziegen, Steinböcke und Paviane. Vor allem, wenn Sie mit der Seilbahn hochgefahren sind, lohnt sich eine Wanderung auf

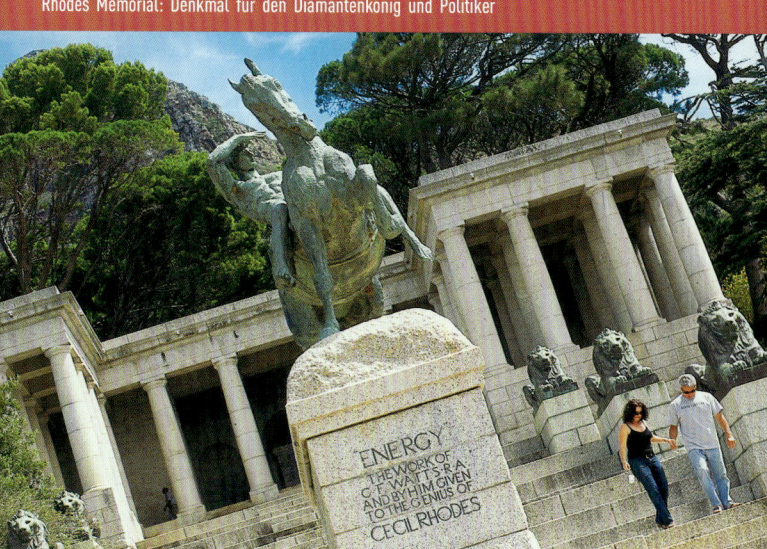

Rhodes Memorial: Denkmal für den Diamantenkönig und Politiker

einer der angelegten Strecken. Erkundigen Sie sich vor Ort nach der für Sie passenden. Je nach Jahreszeit und Wetterlage startet die erste Bahn zwischen 7.30 und 8.30 Uhr, die letzte kommt zwischen 18 und 22 Uhr zurück. Um langes Anstehen zu vermeiden, können Tickets (für 170 Rand) auch online im Voraus gebucht werden. *(Hin- und Rückfahrt 160 Rand | Tel. 424 81 81 | www.table mountain.net). Table Mountain Road*

TOWNSHIPS

Außerhalb des Zentrums von Kapstadt gibt es sieben offizielle Townships und viele weitere informelle Siedlungen. Man hört häufig den Begriff *Cape Flats,* der so gut wie gleichrangig zu Townships gebraucht wird, weil viele von ihnen in der flachen, sandigen Fläche zwischen dem Tafelberg und der False Bay liegen. Die Townships in Kapstadt heißen unter anderem Guguletu, Khayelitsha (mit offiziell 300 000 Bewohnern das zweitgrößte Township Südafrikas) und Langa (das älteste). Die Lebensverhältnisse un-

terscheiden sich sehr stark: Viele Menschen wohnen in einfachen Häusern mit Wasseranschluss und Strom, andere leben in Blechhütten und Bretterverschlägen ohne fließendes Wasser. Weil die Bevölkerung in den letzten Jahren schneller gewachsen ist, als die Stadt Infrastrukturen aufbauen konnte, wohnen in vielen Häusern, in denen früher zwei Familien untergebracht waren, heute acht. Fieberhaft arbeitet die Stadtverwaltung deshalb daran, genug Wohnraum in den Townships zur Verfügung zu stellen. Wer sich ein authentisches und eindrucksvolles Bild vom Leben in Townships wie Guguletu oder Khayelitsha machen möchte, sollte sich einer der Touren anschließen, die Agenturen wie Bonani Tours *(Tel. 531 42 91 | www.bonanitours.co.za)* anbieten: Sie besuchen in einer kleinen Gruppe Schulen, afrikanische Naturheiler, Townshipkneipen und kommen vor Ort mit Menschen ins Gespräch. Touren in die Townships sind aus zweierlei Hinsicht empfehlenswert: Zum einen kommen Sie auf diese Weise in Kontakt mit Kapstäd-

> ENTSPANNEN & GENIESSEN
Schweben im Salz des Toten Meeres

Am besten erholen Sie sich von einem Stadtbummel oder einer anstrengenden Wanderung auf den Tafelberg, wenn Sie Ihre müden Knochen eine Zeit lang nicht mehr spüren. In den Floating-Tanks des *Medi-Spa* können Sie schweben, bis sich Ihr Körper regeneriert hat. Dem Wasser ist Salz aus dem Toten Meer beigemischt, und so treiben Sie scheinbar schwerelos. Aus den Boxen plätschert

Esoterikpop, und Sie haben Zeit, darüber nachzudenken, wo Sie nach dieser Erfahrung essen gehen wollen: Ein Bad im Floating-Tank macht nämlich hungrig. Die Entspannung können Sie mit Ayurveda-Behandlungen oder Massagen vervollkommnen. *Mo–Fr 8.30–17.30, Sa 9–17.30 Uhr | 250 Rand/Stunde | Tel. 422 51 40 | 99 Kloof Street | Central*

tern, die Sie an den Stränden und in den Straßen der Innenstadt nicht treffen werden. Zum anderen bekommen die Menschen in den Townships einen Teil der Einnahmen und profitieren damit vom Tourismus, der sonst an ihnen komplett vorüberziehen würde.

vornahm, ist das Operationsszenario realistisch nachgestellt. Außerdem finden Sie im Museum das weltweite Presse-Echo auf die medizinische Pioniertat, Barnards Fanpost und weitere interessante Zeitdokumente. *Führungen tgl. 9, 11, 13, 15, 17 Uhr | 200 Rand | www.heartofcapetown.*

Kunsthandwerk als Lebensunterhalt: Töpferwerkstatt im Township Nyanga

nsider Tipp

THE HEART OF CAPE TOWN MUSEUM [129 E5–6]

Im Krankenhaus Groote Schuur, dem imposanten, über Observatory thronenden Bau, der nachts in bunten Farben angestrahlt wird, verpflanzte Professor Christiaan Barnard 1967 das erste menschliche Herz. Sein Patient überlebte damals zwar nur 18 Tage, aber noch heute wird im Transplantationsmuseum das Herz ausgestellt, das damals seinen Träger wechselte. In demselben Raum, in dem Professor Barnard die Operation

co.za | Main Road | Observatory (Old Main Building, Groote Schuur Hospital)

TWELVE APOSTLES [U A–B 2–3]

Der Gebirgszug der Zwölf Apostel erstreckt sich vom Tafelberg in Richtung Süden. In den unwegsamen Bergen kann man zwar nicht wandern, dafür ist es umso schöner, an den Stränden entlang der Apostel zu liegen und mit dem Meeresrauschen im Rücken den Blick auf die Berggipfel zu genießen.

> KÜHNE KÜCHE

Kapstadts Köche vermischen Rezepte aus der ganzen Welt und kreieren daraus innovative Menüs

> Die Küche Kapstadts ist genauso abwechslungsreich wie außergewöhnlich. Sie beginnt bei afrikanischen Spezialitäten, die vom ganzen Kontinent stammen, geht über zu indischen Currygerichten und endet noch lange nicht bei kapmalaiischen Leckereien, den für Kapstadt typischen Delikatessen: Die sind die Resultate der Mischung aus malaiischer und europäischer Esskultur.

Vor allem die Gewürze aus dem ostindischen Raum sind charakteristisch für die kapmalaiische Küche. Aber auch die europäische und die asiatische Küche gehören zum kulinarischen Angebot. Was die Kapstädter Restaurantszene so spannend macht, ist der Ideenreichtum der Küchenchefs: Sie vermischen afrikanische Einflüsse mit europäischen Rezepten, braten Steaks mit herber Schokolade und Chilischoten und backen Pizza mit frischer *butternut* (einer für die kapmalaiische Küche

Bild: Straußensteak mit Gemüse

ESSEN & TRINKEN

typischen Kürbisart). Und natürlich sieht man den Speisekarten an, dass Kapstadt am Meer liegt: Aus der riesigen Auswahl an frischen Meeresfrüchten, die die Fischerboote Tag für Tag mit an Land bringen, bereiten die Köche vorzügliche Gerichte.

Gourmets kommen am Kap voll auf ihre Kosten, denn vor allem die Restaurants gehobener Klasse mit berühmten Küchenchefs und außergewöhnlichem Service sind vergleichsweise günstig. Auch die hervorrragenden Weine der Region sind äußerst preiswert. Die Kapstädter bringen sich ihren Wein allerdings auch gerne selbst mit und zahlen in Restaurants, wo dies gestattet ist, eine so genannte *corkage fee*, eine geringe Gebühr von ca. 20 Rand für das Entkorken der Flasche. Die halbleeren Flaschen nehmen sie wieder mit nach Hause, genau wie das Essen, das sie nicht mehr geschafft haben, aber

CAFÉS

auf keinen Fall zurückgeben wollen. Am Handgelenk tragen elegante Kapstädter Damen auf dem Weg nach Hause daher nicht nur ihre Handtasche, sondern auch gern das *doggy bag.*

Neben Chardonnay, Shiraz und Pinotage der Region ist zu Tisch vor allem Bier sehr beliebt, besonders

■ **CAFÉS**

BIRDS CAFÉ [126 C5]

Aus den Boxen kommt Vogelgezwitscher, von der Decke baumeln kleine Schwanenlampen. Das Café ist ein Designlabor, in dem die Besitzerin ihrer Leidenschaft für kreatives Geschirr und ungewöhnliche Sitzgelegenheiten freien Lauf gelassen hat.

Guter Platz für den Nachmittagstee: die Terrasse des Hotels Mount Nelson

„Castle" und das in Namibia nach deutschem Reinheitsgebot gebraute „Windhoek". Und nach dem Essen räumt nichts so gut den Magen auf wie ein im angewärmten Glas servierter Brandy, für den z.B. die Weingenossenschaft KWV aus Paarl berühmt ist. Weil sich die meisten Restaurants großer Beliebtheit erfreuen, lohnt es sich in jedem Fall, vorher einen Tisch zu reservieren.

Probieren Sie den köstlichen Apfelstrudel! *Mo–Fr 7–16, Sa 8–14 Uhr | 127 Bree St. | Central | Tel. 426 25 34*

CAFÉ GAINSBOURG [126 C6]

Am Nachmittag mit einem Cappuccino oder am Abend mit einem Glas Wein der richtige Platz für ein entspanntes Stündchen. *Mo–Fr 7.30 bis 22.30, Sa/So 8.30–22.30 Uhr | 64 Kloof St. | Gardens | Tel. 422 17 80*

> **www.marcopolo.de/kapstadt**

CAFÉ MOZART [127 D4]

Zentrales Café, das sich dafür anbietet, bei einer Tasse Rooibostee eine Shoppingpause einzulegen. Natürlich wird Mozart gespielt. *Mo–Fr 7–17, Sa 8–16 Uhr | 37 Church St. | Central | Tel. 424 37 74*

FRIEDA'S ▶▶ 📶 [127 D4]

Hübsches Café mit 50er-Jahre-Möbeln und leckeren Sandwiches, an Regentagen eine gute Alternative, um bei einer Tasse Tee an einem der alten Holztische zu lesen und zu entspannen. *Mo/Di 6.30–16, Mi–Fr 6.30–21, Sa 8.30–13 Uhr | 15 Bree St. | Central | Tel. 421 24 04*

LOLA'S [127 D5]

Die Wände sind rosa, die Stühle stammen aus den Fünfzigern. Bestellen Sie sich einen Shake, eines der vegetarischen Gerichte oder ein Stück vom selbst gebackenen Kuchen. *Mo–Sa 8–24, So 8.30–24 Uhr | 228 Long Street | Central | Tel. 423 08 85*

MELISSA'S [126 C6]

Café mit exzellentem Gebäck. Weil es das auch zum Mitnehmen gibt, verlässt man den Laden selten, ohne mit Tüten voller Sünde beladen zu sein. *Mo–Fr 7.30–20, Sa/So 8–20 Uhr | 94 Kloof St. | Gardens | Tel. 424 55 40*

MOUNT NELSON [126 C5]

In einem der edelsten Hotels wird jeden Nachmittag ein immenses Büfett mit vorzüglichen Kuchen und leckeren Sandwiches aufgebaut *(150 Rand)*. Jeden Nachmittag sind auch diejenigen zum *High Tea* geladen, die nicht im Hotel wohnen. *Tgl. 14.30–17.30 Uhr | 76 Orange St. | Gardens | Tel. 483 10 00*

Insider Tipp

OBZ CAFÉ ▶▶ 📶 [129 E5]

Das Szenecafé liegt inmitten des Studentenviertels Observatory: Die Tageskarte reicht von außergewöhnlichen Suppen über frische Salate bis zu Pastamenüs. Wer abends hier isst, kann anschließend zur Bühne nebenan umziehen und sich Livejazz anhören. *Tgl. 7–24 Uhr | 115 Lower Main Road | Observatory | Tel. 448 55 55*

ORIGIN [127 D3]

Bei *Origin* wird Kaffee als Kunstform zelebriert. Wem bei den unzähligen

MARCO POLO HIGHLIGHTS

⭐ **Azure**
Dinieren mit direktem Blick auf den Atlantik (Seite 53)

⭐ **Gold**
Südafrikanische Spezialitäten im Garten des Gold of Africa-Museums (Seite 54)

⭐ **The Africa Café**
Der ganze kulinarische Reichtum des Kontinents (Seite 55)

⭐ **Five Flies**
Hier gibt's das beste Springbok-Filet der Stadt (Seite 55)

⭐ **Khaya Nyama**
Kosten Sie doch mal gegrilltes Krokodil (Seite 55)

⭐ **Pigalle**
Das Lieblingsrestaurant der Kapstädter (Seite 57)

Sorten der Durchblick fehlt: In der angeschlossen Barista-Akademie kann man sich in die Geheimnisse der Kaffeewelt einweihen lassen. Auch eine Rösterei gehört zum Café. Für alle, die keinen Kaffee mögen: Es gibt auch über 100 Teesorten. *Mo–Fr 7–17, Sa 9–14 Uhr | 28 Hudson Street | Central | Tel. 421 10 00*

LA PETITE TARTE [127 D3]

Hohe Pariser Cafékultur im Cape Quarter: An den kleinen Bistro-Tischchen auf dem Trottoir genießt man frisch gebackene Tartes, Quiches und Croques. *Mo–Sa 8–20, So 10–14 Uhr | 5 Shop 11A, Cape Quarter, De Waterkant Street | Central | Tel. 425 90 77*

> GOURMETTEMPEL

Kulinarische Experimente, perfekte Bedienung

THE CAPE COLONY [126 C5]

Das Restaurant des Mount-Nelson-Hotels: Serviert wird z.B. Straußencarpaccio an Butternut. Einmal im Monat stellt sich ein Weingut beim *Wine & Dine* vor. Das Menü ist dann auf dessen Weine abgestimmt (350 Rand). Danach lohnt ein Abstecher in die *Planet Bar* nebenan *(siehe „Am Abend")*. *Menü ca. 25 Euro. Tgl. 18.30 bis 22.30 Uhr | Mount Nelson Hotel | 76 Orange St. | Gardens | Tel. 483 19 48*

LA COLOMBE [U B3]

Auf dem Weingut *Constantia Uitsig* liegt eins der renommiertesten Restaurants ganz Südafrikas. Im *La Colombe* sorgt Chef Luke Dale-Roberts für besonderen Gaumenkitzel: Seine mit asiatischen Noten angereicherten Variationen französischer Küche wurden mit Preisen überhäuft. *Menü ca. 60 Euro. Tgl. 12.30–14.30 und 19.30–21.30 Uhr | Spaanschemat River Road | Constantia | Tel. 794 23 90*

CONSTANTIA UITSIG [U B3]

Restaurant im alten Manor House des Weinguts *Constantia Uitsig* im bezaubernden Constantia-Tal (ca. 20 Automin. von der Innenstadt). Auf der Karte stehen italienische Menüs, denen Frank Swains-

ton gern asiatische Einflüsse untermischt. *Menü ca. 30 Euro. Tgl. 12–14.30 und 19–21.30 Uhr | Spaanschemat River Road | Constantia | Tel. 794 44 80*

GINJA [127 D4]

Das Restaurant in einer Seitenstraße gehört zu den besten der Stadt. In eleganter Atmosphäre kann man sich den Fusionkreationen von Chris Erasmus hingeben. *Menü ca. 30 Euro. Mo–Sa 19–22.30 Uhr | 121 Castle St. | Bo-Kaap | Tel. 426 23 68*

JARDINE [126 C5]

Küchenchef George Jardine hat es zum Liebling der Gourmetszene geschafft, nicht zuletzt wegen seiner ausgefallenen Austernkreationen. Die gibt es z.B. pochiert oder an Tomatenschaum. *Menü ca. 25 Euro. Mo–Sa 19–22.30 Uhr | 185 Bree St. | Central | Tel. 424 56 40*

95 KEEROM [127 D5]

Der eleganteste Italiener der Stadt. Sie sitzen im Schatten eines hundert Jahre alten Olivenbaums und genießen die hervorragende Küche – z.B. die sensationellen Gnocchi. *Menü ca. 25 Euro. Mo–Sa 19–23, Do/Fr auch 12–14 Uhr | 95 Keerom St. | Central | Tel. 422 07 65*

ESSEN & TRINKEN

■ RESTAURANTS €€€

AUBERGINE [127 D6]

Auf historischen Kirchenbänken lässt man sich vom Sommelier durch die umfangreiche Weinkarte führen, um anschließend aus der noch ausführlicheren Speisekarte eines der vorzüglichen Menüs zu wählen. *Mo–Sa 17–22, Mi–Fr auch 12–14 Uhr | 39 Barnet St. | Gardens | Tel. 465 49 09*

AZURE ★ ▶▶ [124 A6]

Es gibt kaum einen schöneren Ort für ein Dinner als die Terrasse des Hotels *Twelve Apostles* in Camps Bay. Besonders zu empfehlen: Fynbosmenüs, in denen die im Hotelgarten wachsenden Fynbosblätter verarbeitet sind. *Tgl. 7.30–10.30, 12.30–15.30, 18 bis 22.30 Uhr | Twelve Apostles Hotel | Victoria Rd. | Oudekraal | Tel. 437 90 29*

BELUGA [127 D3]

Das elegante Restaurant ist umgeben von Modelagenturen und Filmproduktionen. Die Gäste sind aber nicht das einzige, was hier gut aussieht. Auch der Toast mit Kaviar, zu dem ein kühler Wodka serviert wird, kann sich sehen lassen. *Tgl. 12–23 Uhr | The Foundry | Prestwich St. | Green Point | Tel. 418 29 48*

BUKHARA [127 D4]

Das beste Curryrestaurant der Stadt. Hier fühlen Sie sich, als säßen Sie mitten in Delhi. *Di–Sa 18–23, So/Mo 18–22, Mo–Sa auch 12–14 Uhr | 32 Church St. | Central | Tel. 424 00 00*

CODFATHER
SEAFOOD EMPORIUM [124 B3]

Der Fisch liegt in der Theke aus, sodass man sich vorher genau ansehen kann, was man auf dem Teller haben möchte. Sehr lecker ist das Sushi. *Tgl. 12–23 Uhr | 37 The Drive | Camps Bay | Tel. 438 07 82*

EMILY'S   [127 E1]

Im Clock Tower an der V & A Waterfront können Sie mit Blick auf den Hafen die südafrikanische Küche kennenlernen, die aus einer Mischung aus kapmalaiischen Rezepten und moderner Experimentierfreude ent-

außerdem traditionelle Gesänge und Tänze kennen. Wer sich vor dem Essen noch etwas bewegen möchte, kann sich bei einem einstündigen Trommelkurs in die richtige Stimmung bringen. *Tgl. ab 18.30 Uhr | 96 Strand St. | Central | Tel. 421 46 53*

SAVOY CABBAGE RESTAURANT & CHAMPAGNE BAR   [127 D4]

Wer nicht hier war, wird nie erfahren, wie viel Glamour Wirsing hat. Kaum

Spezialitäten vom ganzen Kontinent serviert The Africa Café

standen ist. *Mo–Sa 12–14.30, 19–22 Uhr | 202 Clock Tower | V & A Waterfront | Tel. 421 11 33*

GOLD ⭐   [127 E1]

Lassen Sie sich im Garten des *Gold of Africa*-Museums in den kulinarischen und kulturellen Reichtum Südafrikas einführen. Serviert werden Köstlichkeiten aus allen Ecken des Landes, währenddessen lernen Sie

ein Jahr vergeht, in dem das *Savoy Cabbage* nicht mindestens eine Auszeichnung bekommt. Besonders gut kommen die täglich wechselnden Kohlkreationen in dem edlen Ambiente zur Geltung: Das Restaurant ist eine gelungene Kombination aus dem historischen Backsteingebäude und modernen, klaren Linien. *Mo–Fr 12 bis 14, Mo–Sa 19–22.30 Uhr | 101 Hout St. | Central | Tel. 424 26 26*

> **www.marcopolo.de/kapstadt**

SHOGA [127 D4]

Das Restaurant ist die junge Schwester des *Ginja*. Die Einrichtung ist moderner und die Atmosphäre cooler als im Erdgeschoss. Die Fusion-Küche vermengt asiatische Einflüsse mit südafrikanischen Spezialitäten. *Mo–Sa ab 19 Uhr | 121 Castle St. | Bo-Kaap | Tel. 426 23 69*

■ RESTAURANTS €€

THE AFRICA CAFÉ ★ [127 D4]

Die charmanteste Art, sich mit dem kulinarischen Reichtum Afrikas vertraut zu machen: Zunächst werden vom Büfett, das den ganzen Kontinent zwischen Tunesien und Südafrika abdeckt, kleine Portionen serviert. Anschließend kann man so oft nachbestellen, bis entweder der Magen schließt oder das Restaurant. *Tgl. 18.30–23 Uhr | 108 Shortmarket St. | Central | Tel. 422 02 21*

BOMBAY BICYCLE CLUB [126 B6]

Insider Tipp

Wer nur in Ruhe essen möchte, sollte um den *Bombay Bicycle Club* einen weiten Bogen machen. Es gibt weit und breit kein Restaurant, das wuseliger wäre. Und genau das ist der Grund, warum viele Kapstädter hier so gerne herkommen. Die Atmosphäre erinnert an Karneval, die kitschige Deko an einen Londoner Gentlemen's Club. Spätestens um halb elf tanzt der halbe Laden zu Hits von Gloria Gaynor. *Mo–Sa 18–2 Uhr | 158 Kloof St. | Central | Tel. 423 68 05*

BOO RADLEYS [127 D4]

Elegantes Bistro im Stil der 1920er-Jahre. Tagsüber gibt es Sandwiches, abends französische Spezialitäten von Zwiebelsuppe bis Crème brûlée und bis in die Nacht leckere Cocktails an der Bar. *Mo–Fr 11–2, Sa 18–2 Uhr | 62 Hout Street | Central | Tel. 424 30 40*

FIVE FLIES ★ [127 D4]

In eleganter Atmosphäre ist vor allem der Fisch ein Genuss. Außerdem kann man hier gelegentlich Polit- und Wirtschaftsprominenz erspähen: Das Restaurant liegt gegenüber dem High Court. *Mo–Fr 12–15 und tgl. 18–23 Uhr | 14 Keerom St. | Central | Tel. 424 44 42*

JEWEL TAVERN [127 D4]

Früher war die *Jewel Tavern* ein Geheimtipp unter asiatischen Seeleuten, die auch im fernen Afrika nicht auf ihre Lieblingsgerichte verzichten wollten. Mittlerweile ist sie eine feste Größe in der Restaurantszene Kapstadts und bekannt für authentische chinesische Küche. Sehr zu empfehlen sind die Fischgerichte. *Tgl. 11 bis 14.30, 18–22 Uhr | 101 St. George's Mall | Central | Tel. 448 19 77*

KHAYA NYAMA ★ [127 D5]

Das „Haus des Fleisches" (so die Übersetzung des Namens) macht seinem Namen alle Ehre und hat nahezu alles auf der Speisekarte, was man in Afrika jagen kann. Hier gibt es von Krokodil über Springbok bis Strauß das beste Wild der Stadt. *Tgl. 18 bis 22.30 Uhr | 267 Long St. | Central | Tel. 424 29 17*

MANO'S [126 C2]

Der richtige Ort für einen entspannten Lunch bzw. den Start in den Abend. Die Speisekarte ist einfach, aber köstlich: Rump- oder Pfeffersteak,

Pommes Frites, Salat. Danach setzt man sich an die Cocktailbar und beschließt das weitere Programm. *Mo–Sa 12–23 Uhr | 39 Main Rd. | Green Point | Tel. 434 10 90*

MELONCINO ☘ [127 D1]

Frische Pasta, Prosciutto mit Mascarpone-Eis und Balsamico: In der Küche stehen drei waschechte Italiener und hauchen diesem Restaurant so viel Dolce Vita ein, wie es sonst nirgends an der Waterfront zu finden ist. Von der Terrasse aus blickt man schön auf den Tafelberg. *Tgl. 11.30–23 Uhr | Shop 259, Upper Level, V & A Waterfront | Central | Tel. 419 55 58*

NOVA [126 C5]

Rinderfilet mit Spinatemulsion und tiefgefrorener Sauce Béarnaise? Die Karte ist voller derartiger Geschmacksexperimente. Richard Carstens bringt die molekulare Küche nach Kapstadt. Wer mag, kann sich mit einem Sieben-Gänge-Menü durch seinen Ideenreichtum schmecken. Für den Absacker geht's eine Etage höher ins ☘ *Relish,* eine Bar mit tollem Blick auf den abends angestrahlten Tafelberg. *Mo–Sa 19–22 Uhr | 70 New Church St. | Tamboerskloof | Tel. 422 35 85*

PANAMA JACK'S [129 D2] `Inside Tip!`

Die kleine Fischtaverne inmitten von Lagerhallen und Hafengebäuden serviert Fisch, den die Fischerboote gerade an Land gebracht haben. Allein die Fahrt durch den Kapstädter Hafen ist schon einen Besuch wert. *So–Fr 12.30–15 und tgl. 18.30–23 Uhr | Quay 500 | Hafen | Tel. 447 39 92*

PEPPER CLUB ON THE BEACH [124 A3]

Den Fisch oder das Fleisch kann man sich an der Theke selbst aussuchen, bevor es zubereitet wird. Der *Pepper Club* ist eines der lässigsten und schicksten Restaurants der Promenade von Camps Bay. *Tgl. 12–23.30 Uhr | Victoria Rd. | Camps Bay | Tel. 438 31 74*

LA PERLA [125 F1]

Von der Terrasse an der Strandpromenade in Sea Point beobachtet man das Meer und die Flaneure. Die Küche (vor allem Fisch und Pasta) ist genauso elegant wie das Ambiente. Der Chefkellner scherzt mit den Gästen und

Im Pepper Club on the Beach speisen Sie mit Blick auf den Strand von Camps Bay

macht den Damen Komplimente. *Tgl. 11–23 Uhr | Beach Road | Sea Point | Tel. 439 95 38*

PIGALLE ⭐ [127 D3]

Das ist das Lieblingsrestaurant der Kapstädter jeden Alters. Die Älteren bleiben nach delikatem Fisch (portugiesische Küche) sitzen und genießen einen Brandy, die Jüngeren gehen zur Bar und später dann auf die Tanzfläche. *Mo–Sa 12–15, 19–23 Uhr | 57A Somerset Road | Green Point | Tel. 421 48 48*

THEO'S GRILL & BUTCHER 🌿 [124 A3]

Elegantes Steakrestaurant an der Promenade von Mouille Point, auch die vielfältigen Meeresfrüchte und Salate sind ausgezeichnet. *Tgl. 11–23 Uhr | 163 Beach Rd. | Mouille Point | Tel. 439 34 94*

WAKAME 🌿 [U B2]

Babyspinat mit Papaya, gebratenes Straußenfleisch mit Spargel auf Wasabifrischkäse oder Ananascarpaccio mit Limettenchili: Mit der Fusionküche meinen es die Köche im Wakame ernst. Dass bei so viel Kreativität die Wahl etwas länger dauert, macht nichts. Während man grübelt, kann man von der Terrasse im 1. Stock wunderbar aufs Meer schauen. *Mo–Do 12–15, 18–22.30, Fr–So 12.30–15.30, 18–23 Uhr | Ecke Beach Rd./Surrey Place | Mouille Point | Tel. 433 23 77*

■ RESTAURANTS €

BIESMIELLAH [126 C4]

Das Restaurant mit praktischen Plastikfolien über den Tischdecken und indischem Kitsch an den Wänden ist an einen Tante-Emma-Laden angeschlossen. Auf der Speisekarte stehen indische und kapmalaiische Delikatessen. Alkohol zum Essen bekommen Sie in dem muslimischen Restaurant allerdings nicht. *Mo–Sa 12 bis 22 Uhr | Ecke Wale/Pentz St. | Bo-Kaap | Tel. 423 08 50*

CAFÉ ROUX [U A4]

Ein Besuch im *Café Roux* ist wie eine kleine Landpartie. Auf einer Farm in Noordhoek werden u.a. selbst gebackene Kuchen und hausgemachte frische Salate serviert. Und hier können auch Eltern entspannen. Es gibt nämlich einen Spielplatz und sogar einen Babysitter für die Allerkleinsten. Immer donnerstags wird der Grill angefeuert. *Di–So 8–17 Uhr | 270 Chapman's Peak Drive | Noordhoek Farm Village | Noordhoek | Tel. 789 25 38*

> SPEZIALITÄTEN
Genießen Sie die typisch Kapstädter Küche!

Biltong – luftgetrocknetes Rind- oder Wildfleisch; ein beliebter traditioneller Snack für zwischendurch. In den meisten Shopping-Malls gibt es Fachgeschäfte, die alle denkbaren Varianten anbieten, z.B. Kudu-Biltong mit Chili.

Bobotie – kapmalaiische Spezialität, ein mit Curry gewürzter und dadurch leicht süßlicher Auflauf aus Lammhackfleisch mit Eigelbglasur.

Boerewors – gewürzte, sehr fette Mettbratwurst der „Boere" (Bauern), die gegrillt wird. In der Innenstadt wird sie an vielen Straßenständen mit gerösteten Zwiebeln im Hot-Dog-Brötchen an-

geboten und ist unter anderem beliebt bei den Nachtschwärmern auf der Long Street.

Crayfish – Languste, die am Kap frisch gefangen wird; trotz gestiegener Preise immer noch günstig (Foto).

Game – Sammelbegriff für Wild. Besonders beliebt sind die zahlreichen Antilopenarten, wie z.B. Springbok (das Nationaltier Südafrikas) oder Eland, die größte Antilopenrasse.

Karoo Lamb – das Lamm aus der Karoo ist deswegen so beliebt, weil es sozusagen natürlich vorgewürzt ist. In der kargen Landschaft der Karoo ernähren Schafe sich zu einem großen Teil von aromatischen Kräutern.

Koeksisters – Teigringe, ähnlich wie Donuts, nur geflochten. Das sehr süße Gebäck wird nach dem Frittieren zusätzlich meist in Sirup getaucht.

Pap and Chakalaka – fester Brei aus Maismehl, zu dem Chakalaka gereicht wird, eine scharfe Soße aus Tomaten, Zwiebeln und Paprika.

Perlemoen – handgroße Seeohrmuschel, die auch Abalone genannt wird.

Rooibos Tea – der auch in Deutschland immer beliebtere Tee wird in Südafrika produziert. Rooibos ist koffeinfrei und dadurch sehr bekömmlich.

Samoosas – dreieckige, frittierte Teigtaschen, gefüllt mit leicht scharfem Rinderhack, Hühnerfleisch oder Gemüse.

Waterblommetjie-Bredie – Eintopf mit Fleisch, Gemüse und den Blüten einer seerosenähnlichen Wasserpflanze.

CHEF PON'S ASIAN KITCHEN [127 D6]

Das bestbesuchte asiatische Restaurant der Stadt: Ohne Reservierung geht hier gar nichts! Im Thai-Ambiente sehr zu empfehlen: Leckereien wie die Huhn-Kokos-Suppe. *Tgl. 18–22.30 Uhr | 12 Mill St. | Gardens | Tel. 465 58 46*

GANESH [129 F5]

Kleines Hinterhofrestaurant in Observatory mit afrikanischer Küche. Die Küche steht im Zentrum, die Töpfe hängen an den Wänden. Unkonventionell und günstig. *Mo–Sa ab 18 Uhr | Ecke Lower Main St./Trill St. | Observatory | Tel. 448 34 35*

GOURMET BURGER [127 D4]

Die Karte fängt bei klassischen Beef-Käse-Kombinationen an und endet bei Champignon-, Shrimps-Burgern. Dazu werden *French fries* und Ketchup serviert, das kunstvoll auf dem Teller angerichtet wird: Fast Food fürs Auge. *Mo–Sa 9.30–22 Uhr | 39 Long St. | Central | Tel. 424 60 99*

LIMONCELLO [127 D6]

Kleine Pizzeria mit zartgrün gestrichenen Wänden. Die Pizza kommt aus dem Steinofen. *Mo–Fr 12–15, tgl. 18–23 Uhr | 8 Breda St. | Gardens | Tel. 461 51 00*

MARCO'S AFRICAN PLACE [127 D4]

Eines der wenigen Lokale Kapstadts mit echt afrikanischer Küche. Um Afrika nicht nur auf die Zunge, sondern auch in die Ohren zu zaubern, treten gelegentlich traditionelle Combos auf. *Di–Sa 12–23, So 15–23 Uhr | 15 Rose Lane | Bo-Kaap | Tel. 423 54 12*

MESOPOTAMIA [127 D4]

Das erste kurdische Restaurant Südafrikas. Auf der Speisekarte stehen meist sehr scharfe Spezialitäten, gelegentlich treten sogar Bauchtänzerinnen auf. *Mo–Sa 18–1 Uhr | Ecke Long/Church St. | Central | Tel. 424 46 64*

POSTICINO [125 F2]

Die sympathische, günstige Alternative zu den Kapstädter Szenerestaurants. Steinofenheißer Tipp: Pizza mit Butternut, Chili, Speck. *Tgl. 10.30 bis 23 Uhr | 323 Main Rd. | Sea Point | Tel. 439 40 14*

ROYALE EATERY [127 D5]

Dass Fastfood keineswegs langweilig und geschmacklos sein muss, beweist dieser Laden: Vor allem am Wochenende ist der Laden voll mit Fans von außergewöhnlichen Burgern. *Mo–Sa 12–23 Uhr | 273 Long St. | Central | Tel. 422 45 36*

SAIGON ✿ [126 C6]

Der einzige Vietnamese der Stadt. Bei leckeren Asiagerichten liegt Ihnen die Stadt hinter der riesigen Glasfront zu Füßen. *Tgl. 12–14.30 und 18–22 Uhr | Ecke Kloof/Camp St. | Central | Tel. 424 76 69*

YUM [U B2]

Schöne Alternative für einen entspannten Abend abseits des Trubels. Hier genießen vor allem die Kapstädter ein paar ruhige Stunden. Lecker: Ravioli mit gegrilltem Huhn, Speck, Lauch, Salbei und Mascarpone. *Mo–Do 16–22, 11–22, Sa/So 9–22 Uhr | 2 Deer Park Drive | Vredehoek | Tel. 461 76 07*

> HIER ROLLT DER RAND!

Von Drahtkunst bis Diamantenschmuck: Aus Kapstadt können Sie kleine und große Schätze mit nach Hause nehmen

> **Wer in Kapstadt erstmal seine Lust am Shoppen entdeckt hat, wird sich am Urlaubsende in einem Koffergeschäft wiederfinden – auf der Suche nach Taschen für das frisch erstandene Übergepäck.**

In der Stadt gibt es mehrere Bummelhochburgen: In der Innenstadt, z.B. auf Long und Kloof Street, reihen sich Buchläden an Modeboutiquen und Weingeschäfte. Parallel liegt die St George's Mall, eine Fußgängerzone mit vielen Straßenständen.

Auf vielen Marktplätzen werden Blumen und afrikanisches Handwerk angeboten. Die Läden im Cape Quarter, im Viertel De Waterkant, sind voll von stilvollen Möbeln und Antiquitäten. Kommt man erst am Nachmittag zum Bummeln in die Innenstadt, muss man sich allerdings beeilen: Die meisten Geschäfte schließen bereits um 17 Uhr, am Samstag sogar schon am frühen Nachmittag. Bis in den Abend haben dagegen die Shop-

Bild: Nelson Mandela aus Pappmaché

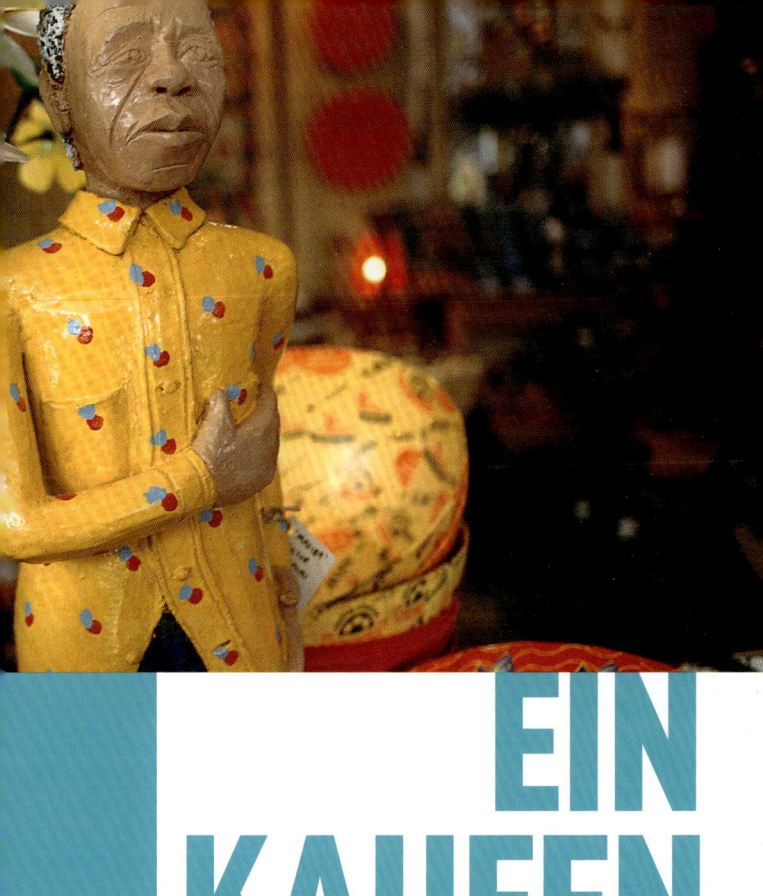

EIN KAUFEN

ping-Malls geöffnet. Auch in diesen Malls lohnt sich die Suche nach ausgefallenen Boutiquen und charmanten Läden. Und dann hat man noch immer nicht alles gesehen: In den Orten an der False Bay, und dort besonders in Kalk Bay, gibt's eine Menge sehr charmanter Antiquitätengeschäfte und schräger, kleiner Lädchen, die leicht zum Großeinkauf verleiten. Die Preise sind wegen des erstarkten Rand inzwischen allerdings kaum günstiger als in Deutschland. Immerhin: Die Mehrwertsteuer kann man sich am Flughafen erstatten lassen – und zur Not in die Kosten für das Übergepäck investieren.

■ ANTIQUITÄTEN ■

ANTIQUE ARCADE [127 D4]
Zwölf kleine Lädchen unter einem Dach: Neben Möbeln gibt es Porzellan und jede Menge charmanten Krimskrams. *127 Long St. | Central*

BÜCHER

Victoria & Alfred Waterfront: Ladenpassage

PRIVATE COLLECTIONS [127 D3]

Weniger zum Kaufen, mehr zum Gu-cken. Die Kunden bei *Private Collec-tions* sind vor allem Innenarchitekten, Hotel- und Restaurantbesitzer, die den nötigen Platz für die Indienim-porte haben: riesige, geschnitzte Tore aus dem 17. Jh., Kronleuchter und Himmelbetten. Man fühlt sich wie in einem indischen Palast. *66 Waterkant St. | De Waterkant*

THE WHATNOT & CHINA TOWN [U B4]

Eine schier unüberschaubare Aus-wahl an altem Porzellan von Arzberg bis Rosenthal, vergilbte Postkarten aus Kapstadt und historische Schwarz-Weiß-Fotografien aus Hol-lywood. *70 Main Road | Kalk Bay*

■ BÜCHER

CLARKE'S ★ [127 D5]

Bezaubernder Buchladen, der bis zur Decke mit alten und neuen Büchern

vollgestellt ist. Für alle, die sich näher mit Südafrika beschäftigen wollen, eine Fundgrube. Fast jedes Buch, das über Politik und Geschichte des Landes geschrieben wurde, steht im Regal, auch die Biografien von Frei-heitskämpfern wie Steve Biko oder Oliver Tambo. *211 Long St. | Central*

KALK BAY BOOKS [U B4]

Man versinkt in den riesigen Sofas und kann entspannt probeschmökern. Es gibt eine gut sortierte Sektion mit südafrikanischen Romanen von inter-national erfolgreichen Autoren wie J.M. Coetzee oder Nadine Gordimer. Aber auch die Newcomer der Litera-turszene sind vertreten. *Tgl. 9–18 Uhr | 124 Main Rd. | Kalk Bay*

■ DELIKATESSEN

DINKEL [126 C6]

Wer in seinem Urlaub nicht auf Schrippen, Semmeln oder Brötchen verzichten kann: Deutsche Backwa-ren gibt es bei Dinkel. Neben den Brötchen liegen auch Roggenbrot und *Real German Pretzels* in der Auslage. *91 Kloof Nek Rd. | Central*

MOUNTAIN VIEW CAFÉ AND TAKEAWAYS [127 D5]

Samoosas gehören zur kapmalaii-schen Küche wie Kap zu Stadt: In diesem kleinen Take-away gibt's die besten zum Mitnehmen. *Tgl. 7.15 bis 17.15 Uhr | 171 Long St. | Central*

TORINO [126 B6]

Wer sich auf dem Weg zum Tafelberg mit köstlichen Pralinen eindecken möchte, sollte hier anhalten. Der Deutsche Roland Ramm bereitet die feine Schokolade im eigenen Keller

zu. Seine Spezialität: Orangenschale im Schokoladenmantel. *43 Kloof Nek Road | Tamboerskloof*

◼ DESIGN ◼◼◼◼◼◼◼◼

AFRICAN IMAGE   [127 D4]

Die richtige Adresse für alle, die außergewöhnliche Andenken an den Urlaub in Südafrika mit nach Hause nehmen wollen, dabei aber keine handgeschnitzte Giraffen im Sinn haben. Hier gibt es stattdessen Frühstücksbrettchen mit Tafelbergdruck und Mandela-Wanduhren. *Ecke Church/Burg St. | Central*

MONTEBELLO DESIGNZENTRUM   [U B2]

Inmitten eines kleinen Wäldchens etwas außerhalb liegt das Designzentrum: eine Oase, in der man Künstlern bei der Arbeit an Stahlskulpturen, Diamantschmuck oder ausgefallenen Vasen zusehen kann. *31 Newlands Avenue | Newlands*

◼ EINKAUFSZENTREN ◼◼◼◼◼

CANAL WALK   [U B–C1]

Eine riesige Einkaufsstadt im pseudovenezianischen Gewand. Hinter den auf alt getrimmten Mauern gibt es über 400 Läden, einen Fastfood-Park und ein großes Kino. *Tgl. 9–21 Uhr | Century Blvd. | Century City | Milnerton (ca. 20 km vom Stadtzentrum auf der N1 in Richtung Paarl) | www.canalwalk.co.za*

CAVENDISH SQUARE   [U B2–3]

Mall außerhalb der Innenstadt für eine junge Zielgruppe. Neben den üblichen Ketten und großen Marken gibt es hier auch das Besondere: Das *young designers emporium* hat hier seine Hauptfiliale. Südafrikanische Jungdesigner verkaufen bei YDE ihre ausgefallenen Entwürfe so erfolgreich, dass das Geschäft mittlerweile auch an die Waterfront expandiert hat. *Mo–Sa 9–19, So 10–17 Uhr | 1 Dreyer St. | Claremont | www.cavendish.co.za*

VICTORIA & ALFRED WATERFRONT   [127 D1]

Über das Viertel am Hafen verteilen sich mehrere kleine und große Shopping-Malls, durch die jährlich etwa 30 Mio. Menschen bummeln. Von Diesel bis Mont Blanc sind hier zahlreiche internationale Marken vertreten. Außerdem gibt es Geschäfte südafrikanischer Modeketten, gut sortierte Buchläden, Fotogeschäfte und kleine Brillenläden. Auch das bestsortierte Musikgeschäft der Stadt liegt an der Waterfront: Suchen Sie im *Musica Megastore* nach Kwaito, einem Musikstil aus Hip-Hop und

MARCO POLO HIGHLIGHTS

⭐ **Clarke's**
Beste Auswahl südafrikanischer Literatur (Seite 62)

⭐ **Pan-African Market**
Das Afrika-Kaufhaus Kapstadts mit Kunsthandwerk und Musik (Seite 65)

⭐ **Green Point Market**
Markt mit afrikanischem Handwerk vor dem WM-Stadion (Seite 65)

⭐ **Caroline's Fine Wine Cellar**
Die erste Adresse für den Weineinkauf (Seite 67)

House, und CDs von Jazzikonen wie Hugh Masekela oder Abdullah Ibrahim *(Dock Road Complex)*. Nicht zuletzt kommen die Menschen aber auch wegen der Livemusik: Auf den Piers zwischen Ausflugsbooten und Kreuzfahrtschiffen spielen alte Män-

■ **GALERIEN** ■

ASSOCIATION FOR VISUAL ARTS [127 D4]

In den Räumen der AVA werden im Drei-Wochen-Turnus Arbeiten bekannter Künstler neben denen von Nachwuchstalenten ausgestellt. *35 Church St. | Central | www.ava.co.za*

Im Pan-African Market werden Liebhaber traditioneller Holzschnitzkunst fündig

ner auf E-Gitarren aus Öldosen, im Amphitheater tanzen Inder in traditionellen Gewändern. *Tgl. 9–21 Uhr | Hafen | www.waterfront.co.za*

WEMBLEY SQUARE [127 E6]

Hier treffen Moderedakteurinnen und Fitnesslehrer beim Lunch aufeinander. In dem Center in Gardens sind sowohl Magazine wie ELLE als auch ein großes Fitnessstudio untergebracht. Im Erdgeschoss gibt's Cafés, Boutiquen und Designläden. *Ecke Wesley St./Solan Rd. | Gardens*

BELL-ROBERTS CONTEMPORARY ART GALLERY [128 A3]

Insider Tipp

Brendan und Suzette Bell-Roberts präsentieren in ihrer Galerie nicht nur Werke zeitgenössischer Künstler, sondern auch die Publikationen ihres Kunstbuchverlags, dazu gehört u.a. das tonangebende Kunstmagazin Südafrikas „artsouthafrica". In der Nachbarschaft gibt es noch ein paar weitere Galerien. Das ehemals heruntergekommene Viertel Woodstock wird immer mehr von der Kreativszene erobert. *Fairweather House |*

176 Sir Lowry Rd. | Woodstock | www.bell-roberts.com

BLANK PROJECTS [128 A3]
Die Non-Profit-Galerie bietet jungen, aufstrebenden Künstlern der Region eine Plattform. Erfragen Sie Vernissagetermine und treffen Sie hier die lokale Kunstszene. *Öffnungszeiten auf Anfrage | 113–115 Sir Lowry Rd. | Central | Tel. 07 21 98 92 21 | www.blankprojects.com*

34 LONG [127 D4]
Die Galerie ist eine der führenden Kapstadts. Hier finden Sie Arbeiten von etablierten südafrikanischen und internationalen Künstlern. *34 Long St. | Central | www.34long.com*

KUNSTHANDWERK

PAN-AFRICAN MARKET ⭐ [127 D4]
Große Auswahl an traditionellem Handwerk mit nettem Musikgeschäft im ersten Stock. Von den Einnahmen werden über 200 Familien in den Townships unterstützt. *76 Long St. | Central*

STREETWIRES [127 D4]
Insider Tipp
Vom Schlüsselanhänger bis zum Kaffeetisch fertigen die Künstler alles aus Draht. Die Preise dafür sind hier niedriger als etwa in der V & A Waterfront. *Streetwires* ist ein Sozialprojekt und beschäftigt hauptsächlich Menschen, die vorher arbeitslos waren. *77/79 Shortmarket St. | Central*

MÄRKTE

CHURCH STREET ANTIQUE MARKET [126 D4]
Direkt an der Long Street beginnt der kleine Markt, der nur aus wenigen Ständen besteht. Hier gibt es Handtaschen aus den 60er-Jahren, Modeschmuck aus den 20ern und alte Münzen. *Church Street | Central*

FLOWER MARKET [127 E4]
Ein buntes Blumenmeer in der Innenstadt: Seit über hundert Jahren konkurrieren rote Rosen mit weißen Lilien und einheimischen Blumen wie der Protea. *Mo–Sa 9–17 Uhr | Adderley St. | Central*

GREEN POINT MARKET ⭐ [126 B1]
Die beliebteste Sportart vor dem Stadion von Green Point: Feilschen. Ob bei Schmuck, Trommeln oder handgeschnitzten Giraffen: Geben Sie nicht auf, ehe Sie den Verkäufer auf die Hälfte des ursprünglichen Preises heruntergehandelt haben. *So und an Feiertagen 8.30–18 Uhr | Western Boulevard | Green Point*

MILNERTON FLOHMARKT [U B1]
Trödlertraum vor zauberhafter Atlantik- und Tafelbergkulisse. In Milnerton findet man Art-déco-Stücke, alte Magazine mit Sammlerwert, antiken Schmuck und natürlich jede Menge Krimskrams, den kein Mensch braucht. Von der Innenstadt aus fährt man hierher ungefähr 20 Minuten. *Sa/So 7–15 Uhr | an der R 27 Richtung Milnerton*

NEIGHBOURGOODS MARKET [129 D3] *Insider Tipp*
Öko ist Trend – auch in Kapstadt. Aber das ist nur einer der Gründe, warum der Samstagsmarkt auf dem ehemaligen Industriegelände den Charakter eines Straßenfestes hat. Denn zwischen all den ökologisch angebauten Spezialitäten und hand-

MODE

gemachten Pestos geht es den Kapstädtern hier vor allem um eins: in der Sonne sitzen, zur Not auch auf dem Boden, und einen kühlen Drink mit ein paar Austern schlürfen. Auch unter der Woche kann man zum Shoppen hierher kommen: In der ehemaligen Mühle sind seit ein paar Jahren kleine Boutiquen und Galerien untergebracht, mitten in einem sozial benachteiligten Viertel, in dem sich langsam, aber stetig die Kapstädter Boheme ausbreitet. *Sa 9–14 Uhr | Old Biscuit Mill | Albert Road | Woodstock*

>LOW BUDGET

> Eine gute Adresse für markenbewusste Sparer ist *Access Park:* Nike, Puma, Guess und viele weitere Sport- und Modemarken verkaufen ihre Kollektionen im Outlet-Park an der M5 zu günstigen Preisen. *Ausfahrt Kenilworth , Racecourse* [U B3]

> *Fruit&Veg* sind günstige Obst- und Gemüsemärkte für alle, die gerne selber kochen. Hier gibt es von *butternut* bis Papaya alles, was in eine südafrikanische Küche gehört – und das kann man sich direkt schälen und in mundgerechte Stücke schneiden lassen, z.B. *Ecke Kent/Drury St.* | *Central* [127 E6]

> Wer sich je gefragt hat, was aus all den glänzenden Design-, Architektur- und Modemagazinen wird, die Monat für Monat wieder aus dem Regal genommen werden, wenn die Folgeausgaben kommen: Sie landen bei *Paper Weight* und sind hier für ein paar Rand zu haben, *z.B. in Canal Walk* [U B–C1]

■ MODE

GAVIN RAJAH ATELIER [U B2–3]

Nelson Mandela trägt sie. Cameron Diaz und Tyra Banks, Tom Cruise und Brad Pitt. Die Kollektionen von Gavin Rajah hängen in den berühmtesten Modegeschäften der Welt. Es gibt nur eins, für das er noch bekannter ist als für seine Mode: die *Cape Town Fashion Week*, die er 2003 zum ersten Mal veranstaltete und zum wichtigsten Mode-Event Südafrikas machte. *Cavendish Sq. | Claremont*

KLÛK & CGDT [127 D1]

In der Kapstädter Modeszene sind die beiden Couturiers Malcolm Klûk und Christiaan Gabriel Du Toit feste Größen. Gemeinsam arbeiten sie sowohl an ausgefallenen Kreationen als auch an eleganter, tragbarer Alltagskleidung. Ihre Entwürfe sind international gefragt und trotzdem noch einigermaßen erschwinglich. *Ecke Main/ Upper Portswood Rds. | Green Point*

WAG [127 D5]

Frisch und elegant sind die Kleider der Kapstädter Designerin Sheray Bakos – das passende Outfit für Clubnächte. *301 Long St. | Central*

■ SCHMUCK

JEWEL AFRICA [126 C4]

Hier kann man nicht nur Schmuck kaufen, sondern den Schmuckmachern auch über die Schulter schauen. *Jewel Africa* bietet kostenlose Touren in die Goldkettenproduktion und die Diamantschleiferei an. Auf Wunsch werden Sie abgeholt. *Mo–Fr 9–19.30, Sa 9–17.30, So 16–19 Uhr | Tel. 424 51 41 | 170 Buitengracht St. | Central*

OLIVE GREEN CAT [127 D4]

Acryl – egal ob als Fassung für Diamanten oder als breiter Armreif mit graviertem Muster – ist das Lieblingsmaterial der Designerinnen Philippa Green und Ida Elsje, die

■ WEIN ■

CAROLINE'S FINE
WINE CELLAR ★ [127 D4]

Die Auswahl an Kapweinen und *Cap Classique,* der südafrikanischen Antwort auf Champagner, ist überwälti-

In Caroline's Fine Wine Cellar haben Weinkenner die große Auswahl

ihren außergewöhnlichen Schmuck hier im eigenen Laden anbieten. *51 Wale St. | Central*

PRINS & PRINS [127 D4]

Das Haus aus dem Jahr 1752 beherbergt Ausstellungsräume unterschiedlicher Händler, in denen Schmuckstücke aus Gold und Silber zu relativ günstigen Preisen ausliegen. Im Keller können Sie den Goldschmieden bei der Arbeit zusehen. *Ecke Hout/ Loop St. | Central*

gend. Auf Wunsch lässt *Caroline's* den Einkauf auch nach Deutschland verschiffen. Täglich gibt es Weinverkostungen. *62 Strand St. | Central*

VAUGHAN JOHNSON'S WINE
AND CIGAR SHOP [127 D1]

Hier werden Sie nicht nur bei der Wein-, sondern auch bei der Zigarrenwahl bestens beraten. Beim Einkauf könnte Ihnen der ein oder andere Promi über den Weg laufen. *V & A Waterfront | Dock Road*

> VIOLINEN UND VARIETÉ

Kapstädter Nächte sind lang – nach Konzert und Kabarett öffnen die Bars und Clubs ihre Türen

> Sobald die Sonne im Atlantik versunken ist, erwacht das Kapstädter Nachtleben: Die Kneipen und Clubs in der Long Street, dem Epizentrum, öffnen ihre Türen, die sie erst morgens gegen vier wieder schließen. An der Promenade von Camps Bay drängt das Partyvolk, das auch gerne abends um zehn noch Sonnenbrille zum Louis-Vuitton-Täschchen trägt, in die Bars und Clubs. Und im Studentenviertel Observatory wird die Musik in den Billardcafés und Backpackerkneipen der Lower Main Road so laut aufgedreht, dass sie die ganze Straße beschallt. Der Eintritt in die Clubs ist häufig frei; wenn man an der Tür bezahlen muss, dann umgerechnet 3–4 Euro.

Wer auf einen stilvollen Abend bei einem Glas Wein Wert legt, muss nicht an der Hotelbar bleiben – auch wenn es solche wie die *Daddy Cool Bar* im Hotel *Grand Daddy* gibt, die zu den angesagtesten überhaupt ge-

> *www.marcopolo.de/kapstadt*

AM ABEND

hören. Im eleganten Innenhof des Cape Quarter im Viertel De Waterkant z. B. stehen die Tische der vielen umliegenden Bars, an denen man an vorzüglichem Wein und guten Cocktails nippt. Viele Locations besitzen kleine Bühnen, auf denen Livemusik von afrikanischem Jazz bis Reggae gespielt wird. Wem der Sinn nach Hochkultur steht, der ist in den großen Theatern wie dem *Artscape* gut aufgehoben: Hier werden Symphoniekonzerte, Ballett- und Theateraufführungen gegeben. Auch internationale Musicals sind zu Gast. Das *Baxter*, etwas außerhalb, zeigt Theater- und Comedyproduktionen.

Weil es kein Stadtmagazin mit aktuellen Terminen gibt, empfiehlt sich ein regelmäßiger Blick in die Presse: Die freitags erscheinende Wochenzeitung „Mail & Guardian" enthält einen ausführlichen Kulturteil für die ganze folgende Woche.

■ BARS & KNEIPEN ■

ASOKA SON OF DHARMA ▶▶ [126 C6]

Im Zentrum der Bar wächst ein alter Baum, der umgeben ist von edlen Holztischen und gemütlichen Pols-

Wände der Toiletten sind beklebt mit Diskokugel-Spiegelplättchen. *Mo–Do 16–23, Fr 16–1, Sa 18–1 Uhr | Grand Daddy Hotel | 38 Long St. | Central | Tel. 424 72 47*

Hier können Sie Ihr gutes Näschen für Wein beweisen: The Nose

tern. *Tgl. 17–2 Uhr | 68 Kloof St. | Gardens | Tel. 422 09 09*

BUENA VISTA SOCIAL CAFÉ ▶▶ [126 B2]

Das Kuba-Exil mitten in Green Point: Es werden Zigarren, Mojitos und die besten Nachos der Stadt serviert. *Tgl. 12–2 Uhr | 81 Main Road | Green Point | Tel. 433 06 11*

DADDY COOL BAR ★ ▶▶ [127 D4]

Die Bar des Hotels *Grand Daddy* ist eine Reminiszenz an die Disko-Ära der Achtzigerjahre: weiße Ledersessel, goldfarbene Tapeten. Und die

LA MED ★ 🌊 [124 A1]

Zwischen den Sonnenschirmen und dem Meer liegt nur eine Wiese, auf der bei gutem Wind die Paraglider vom Lion's Head landen. Von hier aus haben Sie einen traumhaften Blick auf den Sonnenuntergang. Danach können Sie auf die Tanzfläche wechseln, besonders heiß wird's sonntags. *Mo–Fr ab 12, Sa/So ab 9 Uhr | Victoria Rd. | Clifton | Tel. 438 56 00*

MIAM MIAM ▶▶ [127 D5] *Insid Tip*

Hierher gelangt, wer den langen, schmalen Gang findet, der von der

> **www.marcopolo.de/kapstadt**

Long Street abgeht. An seinem Ende stehen vier Palmen, unter denen man sich Cocktails schmecken lässt. *Mo bis Fr 12–2, Sa 17–2 Uhr | 196 1/2 Long St. | Central | Tel. 422 58 23*

Insider Tipp
THE NOSE [127 D3]
Schmecken Sie sich im schönen Innenhof des Cape Quarter durch die Vielfalt der südafrikanischen Weinkultur! Fast alle Weine werden glasweise ausgeschenkt. *Tgl. ab 9 Uhr | Cape Quarter | De Waterkant | Tel. 425 22 00*

Insider Tipp
PLANET BAR [126 C5]
Die Bar des *Mount Nelson* ist so opulent eingerichtet wie das Hotel selbst. Man sitzt in tiefen Polstern und genießt den Champagner. *Sa–Do ab 17, Fr ab 15 Uhr | Mount Nelson | 76 Orange St. | Gardens | Tel. 483 17 37*

STONES ▶▶ [129 F5]
Billardkneipe mit lauter Musik und Kickertischen im ersten Stock. Wer gerade nicht spielt, sitzt auf dem Balkon, blickt auf das Leben auf der Lower Main Road und trinkt Bier aus Flaschen. Die Filiale auf der Long Street ist eine identische Kopie. *Tgl. 12–4 Uhr | 84 Lower Main Road | Observatory | Tel. 448 94 61*

CLUBS & DISKOTHEKEN

BRONX ACTION BAR ▶▶ [127 D3]
Wilde Bar mit Tanzfläche, in der die Kellner oben ohne an der Bar schwitzen und hübsche Jungs sich gegenseitig Telefonnummern zustecken. Montags Karaoke. *Tgl. 20–2 Uhr | Ecke Somerset Road/Napier St. | De Waterkant | Tel. 419 92 16*

DELUXE ▶▶ [127 D4]
Club im schicken Retrostil; hier legen DJs House auf, dem sie oft traditionelle afrikanische Musik beimischen. Vom Tanzen können Sie sich auf der Dachterrasse erholen. *Mi, Fr, Sa 22–4 Uhr | Ecke Long/Longmarket St. | Central | Tel. 422 48 32*

FICTION [127 D5]
Erst tanzt man sich auf der kleinen Tanzfläche zu Hip-Hop und Elektro heiß, dann kühlt man sich auf dem Balkon über der Long Street wieder ab. *Di–Sa 21–4 Uhr | 226 Long St. | Central | Tel. 424 57 09*

HEMISPHERE [127 E4]
Der Club ist in einem der Hochhäuser des Geschäftsviertels untergebracht. Vom 31. Stock aus hat man überwältigende Blicke auf Hafen und Tafelberg, aber nur, wenn man nicht

MARCO POLO HIGHLIGHTS

★ **Daddy Cool Bar**
Die 80er-Jahre-Glam-Bar des Hotels Grand Daddy auf der Long Street (Seite 70)

★ **La Med**
Stoßen Sie mit einem Cocktail auf den Untergang der Sonne an (Seite 70)

★ **Jo'burg**
Die lauteste Party der Long Street wird allnächtlich in diesem Club gefeiert (Seite 72)

★ **Labia**
Das älteste Kino Kapstadts – und das schönste (Seite 73)

in Turnschuhen und T-Shirt vor dem Türsteher erscheint. *Do ab 22, Fr ab 16.30, Sa ab 22 Uhr | Absa Building | 2 Riebeek St. | Central | Tel. 421 05 81*

Straßentheater auf der Long Street

JO'BURG ⭐ ▶▶ [127 D5]

Der Club gibt den Takt des Kapstädter Nachtlebens vor: Jeden Abend wird die Tanzfläche von Vergnügungswütigen eingenommen, die zu Hip-Hop, Funk, Soul und House bis in den frühen Morgen tanzen. *Mo–Sa ab 12, So ab 18 Uhr | 218 Long St. | Central | Tel. 422 01 42*

MARVEL [127 D5]

Das Marvel hat eine so kleine Tanzfläche, dass hier das Feiern schon beginnt, wenn mehr als drei Leute zu Hip-Hop und Elektro der DJs tanzen. Im hinteren Teil liefern sich Kicker-

profis in Trikots und Handschuhen heiße Duelle. *Tgl. 20–4 Uhr | 236 Long St. | Central | Tel. 426 58 80*

ROOSEVELT'S ▶▶ [127 C5]

Schicker Club auf zwei Etagen: Unten breitet man sich auf eleganten Ledersofas aus, oben wird man dafür auf der meist vollgepackten Tanzfläche zusammengedrückt. Das Publikum sieht aus, als sei es aus einem Lifestyle-Magazin entstiegen. *Öffnungszeiten sind vom Event abhängig | 160 Bree St. | Central | Tel. 426 07 38*

■ JAZZ ■

KENNEDY'S RESTAURANT AND CIGAR LOUNGE [127 D5]

Die Kapstädter Politiker- und Intellektuellenszene sitzt in schwerem Leder, raucht Zigarre, trinkt Whiskey und hört dem Pianojazz zu. Wer es bodenständiger mag, geht die Treppe runter und steht in einer irischen Kneipe, in der abends Livebands spielen. *Mo–Sa 10–3, So ab 18 Uhr | 251 Long St. | Central | Tel. 424 12 12*

HQ [127 D4]

Edel-Steak-Haus, in dem jeden Mittwoch wechselnde Jazz-Combos auftreten. *Mi ab 17.30 Uhr | Heritage Square | 100 Shortmarket St. | Tel. 424 63 73*

■ KABARETT & COMEDY ■

ON BROADWAY [127 D3]

Das einzige Kabarett-Restaurant der Stadt. Während des Essens bringen Sie die Stars der Kapstädter Comedy- und Travestieszene derart zum Lachen, dass Sie sich eigentlich nur in den Pausen in Ruhe ihrem Menü widmen können. Während der Auftritte fällt es schwer, die Gabel ruhig zu halten. *Di–So (gelegentlich auch Mo) ab 18.30 Uhr | 88 Shortmarket St. | Central | Tel. 424 11 94*

THEATRE ON THE BAY [124 A3–4]

Nahe am Strand von Camps Bay steht das kleine Theater von Pieter Toerien, einer Legende der südafrikanischen Theaterszene. Hier adaptiert Toerien Broadway-Produktionen wie *Hair* für seine charmante Bühne. Außerdem finden regelmäßig Comedy- und Tanzabende statt. *1 Link St. | Camps Bay | Tel. 438 33 00 | www.theatreon thebay.co.za*

■ KINOS ■

LABIA ⭐ [126 C5]

Das älteste und schönste Kino Kapstadts. In dem Ex-Theater aus den 1940er-Jahren laufen Filme abseits der Blockbuster. Um die Ecke, im *Lifestyle-Centre (Kloof Street)*, hat das *Labia* weitere Säle. *68 Orange St. | Gardens | Tel. 424 59 27*

VICTORIA & ALFRED WATERFRONT [127 D1]

In den Kinos der Victoria Wharf laufen im 1. Stock die großen Holly-

Fußballfan, patriotisch eingefärbt

wood-Produktionen *(Tel. 419 97 00)*, im EG Programmkino und Bolly-

> ZUSCHAUERSPORT
Fußball und Rugby

Fußball ist der Nationalsport der schwarzen Bevölkerung, der durch die Vergabe der Weltmeisterschaft 2010 nach Südafrika nochmal einen Schub bekommen hat. In Kapstadt spielen zwei Klubs in der Premier Soccer League *(www.psl.co.za)*: Ajax Cape Town und Santos. Reguläre Spielstätte ist das Stadion in Athlone, einzelne Spiele werden im WM-Stadion von Green Point ausgetragen. Tickets gibt es am Spieltag am Stadion. *Athlone | Klipfontein Rd. | Infos z.B. bei Ajax Cape Town, Tel. 930 60 01*

Rugby ist traditionell der Sport der weißen Bevölkerung. Zwar werden immer häufiger auch farbige Spieler in die Teams integriert, das ändert aber wenig daran, dass das Publikumsinteresse sehr ungleich ausfällt. Die Mannschaft, die für Kapstadt in der Super 14-Serie (mit Teams aus Südafrika, Australien und Neuseeland) antritt, heißt *Stormers*. Ihre Heimat ist das Stadion in Newlands. *Newlands, Boundary Rd. | Infos bei der Western Province Rugby Union | Tel. 659 45 00 | www.wprugby.com*

LIVEMUSIK

wood-Filme *(Tel. 0861/30 04 44).
Viktoria Wharf | V & A Waterfront*

LIVEMUSIK

MAMA AFRICA [127 D5]

Kein echter Geheimtipp mehr, doch
trotz vieler Touristen kommen auch
Kapstädter, um die großartigen afrikanischen Bands zu hören. Kaum ein
Gast bleibt lange auf seinem Stuhl
sitzen. *Mo–Sa ab 19 Uhr | 178 Long
St. | Central | Tel. 426 10 17*

MERCURY LIVE AND LOUNGE ▶▶ [127 E6]

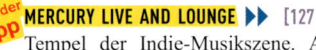

Tempel der Indie-Musikszene. Am
Wochenende spielen die etablierten
Rockbands auf der großen Bühne im

>LOW BUDGET

> Einmal in der Woche holt der süd-
afrikanische Comedy-Star Kurt
Schoonraad Kollegen und junge Ta-
lente zu sich auf die Bühne des Clubs
Albert Hall, die ihre ersten Schritte als
Comedians tun. Der *Jou Ma Se Comedy Club* ist damit eine gute Ge-
legenheit zu erleben, wie facetten-
reich und lustig der Kapstädter Humor
sein kann. *Eintritt 70, mit Studenten-
ausweis 35 Rand | Einlass ab 19.30
Uhr | 208 Albert Rd.* [128 C3] *|
Woodstock | Tel. 447 72 37*

> Wer einen ruhigen Abend im Hotel-
zimmer verbringen und dazu einen
Film aus Südafrika sehen möchte,
dem sei *DVD Nouveau* empfohlen.
Dort gibt es die wichtigsten Filme zu
günstigen Preisen. Um sich einen
Film auszuleihen, brauchen Sie nur
Personalausweis und Kreditkarte.
*Mo–Sa 10–20, So 11–20 Uhr | 166
Bree St.* [126 C5] *| Tel. 422 49 84*

ersten Stock, in der Lounge darunter
tritt der Nachwuchs auf, und DJs
spielen den Pop der letzten Jahrzehn-
te. *Mo–Sa 20–4 Uhr | 43 De Villiers
St. | Central | Tel. 465 21 06*

ZULA SOUND BAR ▶▶ [127 D5]

Nach den Auftritten von Bands der
Kapstädter Musikszene machen die
DJs bis in die frühen Morgen mit
Elektrobeats weiter. Wem es drinnen
zu laut wird, der beobachtet vom
Balkon aus den Strom des Partyvolks
auf der Long Street. An jedem letzten
Mi im Monat findet *Verses* statt, ein
Open-Stage-Abend für Musiker und
Poeten. *Tgl. ab 10 Uhr | 194 Long St. |
Central | Tel. 424 24 42*

SZENELOKALE

CAFÉ CAPRICE ▶▶ [124 A3]

Hier treffen auf weißen Polstern die
Wichtigen und Schönen auf diejenigen, die gern wichtiger und schöner
wären. *Tgl. ab 9 Uhr (Küche schließt
um 22.30 Uhr) | Victoria Road |
Camps Bay | Tel. 438 83 15*

CAFÉ MANHATTAN ▶▶ [127 D3]

Eine der beliebtesten Bars der Schwulenszene. Im Sommer ist es auf der
Terrasse genauso voll wie drinnen,
und die House-Musik beschallt die
ganze Straße. *Tgl. 10–2 Uhr | 74
Waterkant St. | De Waterkant | Tel.
421 66 66*

TANK ▶▶ [127 D3]

Wann immer ein Hollywoodstar in
der Stadt ist: Im *Tank* hat man gute
Chancen, ihn zu Gesicht zu bekommen. Der größte Star ist aber das
riesige Aquarium, das den Barbereich
vom Sushirestaurant trennt. *Tgl.*

12.30–15.30, 19–1 Uhr | Cape Quarter | De Waterkant | Tel. 419 00 07

■ THEATER ■

Für die meisten Aufführungen können Sie die Karten bei *Computicket* kaufen. Dort bekommen Sie auch Auskunft über die laufenden Produktionen. Einen Computicket-Schalter gibt es z. B. an der V & A Waterfront. Sie können die Karten auch am Telefon bestellen und mit Kreditkarte bezahlen *(Tel. 083/91 58 00)*.

ARTSCAPE [127 F4]

Das Theater ist das hochkulturelle Zentrum der Stadt, es deckt die komplette Spannbreite ab: Oper, Symphoniekonzerte, Theater, Musicals. *DF Malan St. | Foreshore | Tel. 410 98 00 | www.artscape.co.za*

BAXTER [U B2]

In den beiden Theatersälen laufen hauptsächlich Comedy- und Theaterproduktionen. Im Restaurant sitzen anschließend die Schauspieler. *Main Road | Rondebosch | Tel. 685 78 80 | www.baxter.co.za*

CITY HALL [127 E5]

Das über 100 Jahre alte Rathaus ist der Spielort des Kapstädter Symphonieorchesters. Vor der schönen Kulisse tritt das Orchester immer donnerstags auf und spielt Werke von Mozart bis Dvořák. Zum *International Summer Music Festival* im November reisen auch internationale Künstler an. Für die meisten Konzerte in der City Hall gibt es günstige Tickets *(R60)* für Plätze hinter dem Orchester. *Darling St. | Info zu Terminen: Tel. 410 98 09 | www.cpo.org.za*

Angesagt: das Tank im Cape Quarter

> GUTE NACHT IN SLAAPSTAD!

Ob in Luxushotels, restaurierten Villen oder charmanten Herbergen –
in Kapstadt gibt's für jeden Kopf das passende Kissen

> Den Kosenamen Slaapstad verdankt Kapstadt eigentlich dem Umstand, dass die Mühlen hier etwas langsamer mahlen als andernorts. Allerdings gäbe es für diesen Titel einen viel besseren Grund: Durch den Tourismusboom der letzten Jahre gibt es mittlerweile so viele Hotels und Guesthouses, dass in jeder Preislage für tolle Übernachtungsmöglichkeiten gesorgt ist.

Die Spannbreite reicht von sehr luxuriösen Fünf-Sterne-Hotels mit Meerblick und angegliedertem Spa in Camps Bay bis hin zu Backpacker-Boutique-Hostels. Viele der Bed & Breakfasts und der Guesthouses sind – selbst in der unteren Preiskategorie – in wunderschön restaurierten alten Villen untergebracht und so stilvoll und stilsicher gestaltet, dass man das Gefühl hat, zwischen den Hochglanzseiten eines Einrichtungsmagazins zu wohnen.

Für welche Unterkunft Sie sich entscheiden, sollten Sie vor allem

Bild: The Bay Hotel Camps Bay

ÜBER NACHTEN

von der Lage abhängig machen: Wer gehobenes Ambiente schätzt, fühlt sich in Camps Bay oder an der Promenade von Sea Point wohler als in der Innenstadt. Dort sind besonders schöne Ecken: das Viertel De Waterkant, ein Stadtteil mit schmalen Gassen und passenden Häuschen, sowie Tamboerskloof und Gardens. In Observatory – in der Nähe der Universität, mit vielen Bars, Cafés und kleinen Läden – ist die Backpackerszene zu Hause. Wer sparsam planen möchte, kann eine günstige Unterkunft in der Vorstadt finden oder nistet sich auf der Backpackermeile Long Street ein.

Und jene, die es gerne ruhig bis sehr ruhig haben, übernachten entweder im stadtnahen Constantia-Tal, dem ältesten Weinanbaugebiet der Region, oder im Fischerdorf Kalk Bay, eine gute halbe Autostunde vom Stadtzentrum entfernt.

HOTELS €€€

Die Preise sind allgemein noch moderat und vor allem in der Nebensaison (Mai–Mitte Sept.) und bei längeren Aufenthalten verhandelbar. Doch egal, wo und wie lange Sie Ihr Haupt betten: Schon die Herzlichkeit, mit der die Gastgeber in Kapstadt Sie begrüßen werden, wird Ihnen süße Träume bescheren.

CAPE HERITAGE HOTEL  [127 D4]

Das Boutiquehotel liegt direkt am zentralen Heritage Square in einem Gebäude von 1771. Eine Reihe von Restaurants und Bars sowie die Long Street sind in wenigen Minuten zu Fuß zu erreichen. Jedes Zimmer ist in einem eigenen Stil eingerichtet, etwa marokkanisch oder malaiisch. In vier

Das Winchester Mansions Hotel liegt an der Strandpromenade von Sea Point

■ HOTELS €€€ ■

CAMPS BAY RETREAT [124 B2]

Die Zimmer, Suiten und Studios sind auf ein historisches und ein modernes Gebäude verteilt. Im Garten plätschern Wasserfälle, daneben gibt's Tennisplätze und Pools – und den obligatorischen Blick auf den Atlantik und die Zwölf Apostel. *15 Zi. | 7 Chilworth Road | Camps Bay | Tel. 437 97 03 | Fax 438 44 33 | www. campsbayretreat.com*

Zimmern stehen **wunderschöne Himmelbetten**. *15 Zi. | 90 Bree St. | Central | Tel. 424 46 46 | Fax 08 66 16 72 81 | www.capeheritage.co.za*

Inside Tipp

THE GRAND DADDY [127 D4]

Untergebracht in einem charmanten viktorianischen Gebäude vereint das Hotel den Metropolenschick der Long Street mit afrikanischer Kunst und Kultur. Im Eingansbereich werden auf vier Plasmabildschirmen di-

> www.marcopolo.de/kapstadt

gitale Werke südafrikanischer Künstler gezeigt, in den stilvoll eingerichteten Zimmern ist es trotz der Nähe zum Zentrum des Kapstädter Nachtlebens angenehm ruhig. Wer es etwas luftiger und origineller mag: Auf dem Dach stehen sieben American Trailer, in denen man den Kitzel eines glamourösen Wohnwagenurlaubs mit den Annehmlichkeiten eines Hotelaufenthalts verbinden kann. *26 Zi. | 38 Long St. | Central | Tel. 424 72 47 | Fax 424 72 48 | www.granddaddy. co.za*

STEENBERG COUNTRY HOTEL ⭐ [U B3]

Auf dem luxuriösen Steenberg Estate liegen Golfplatz und Weinberge direkt beieinander. Die 18-Loch-Anlage ist Hotelgästen und Clubmitgliedern vorbehalten. Dahinter breiten sich die Reben des Weinguts aus. Die Zimmer und Suiten sind in historischen, denkmalgeschützten Gebäuden im kapholländischen Stil untergebracht. *34 Zi. | Steenberg Estate | Tokai Rd. | Tokai | Tel. 713 22 22 | Fax 713 22 51 | www.steen berghotel.com*

VILLA BELMONTE HOTEL ⭐ [U B2]

Mit nur 15 Zimmern das kleinste Fünf-Sterne-Hotel der Region. Einige der Zimmer im klassisch-eleganten Herrenhaus haben direkten Zugang zum Garten am Fuße des Tafelbergs, die anderen teilen sich eine große Terrasse mit Blick auf den Pool und über die Stadt. Das Hotelrestaurant serviert exzellente Langusten, Austern und Weine. *15 Zi. | 33 Belmont Avenue | Oranjezicht | Tel. 462 15 76 | Fax 462 15 79 | www.villabelmonte hotel.co.za*

THE VINEYARD HOTEL [U B2]

Das Vineyard liegt etwas weniger zentral und ist daher günstiger als andere Hotels dieser Klasse. Das Gebäude wurde Ende des 18. Jhs. als Wohnhaus errichtet. Entspannen Sie sich im Spa oder im schönen Hotelpark. *175 Zi. | Collington Road | Newlands | Tel. 657 45 00 | Fax 657 45 01 | www.vineyard.co.za*

WINCHESTER MANSIONS HOTEL [125 F1]

Sie wohnen im schönsten Kolonialambiente der 1920er-Jahre an der

MARCO POLO HIGHLIGHTS

⭐ **Cape Heritage Hotel**
Wunderschönes Boutiquehotel aus dem 18. Jh. (Seite 78)

⭐ **Steenberg Country Hotel**
Für Anspruchsvolle: Golf und Wein in stilvoller historischer Kulisse genießen (Seite 79)

⭐ **Villa Belmonte Hotel**
Kleinstes Fünf-Sterne-Hotel weit und breit (Seite 79)

⭐ **iKhaya Lodge**
Urbaner Komfort mit afrikanischem Charme (Seite 81)

⭐ **Ashanti Lodge, Guesthouse and Travel Centre**
Gemütlich, günstig, mit Pool und Palmengarten (Seite 83)

⭐ **Long Street Backpackers'**
Gilt als das beliebteste Backpacker-Hostel des Kontinents (Seite 85)

HOTELS €€

Strandpromenade von Sea Point. Im Innenhof gibt es sonntags einen sehr empfehlenswerten <mark>Jazzbrunch</mark>, für den man sich auch als Gast einen Tisch reservieren lassen kann. *76 Zi. | 221 Beach Road, | Sea Point | Tel. 434 23 51 | Fax 434 02 15 | www.win chester.co.za*

Insider Tipp

■ HOTELS €€ ■

BERGZICHT [126 B5]

Insider Tipp

Das angenehme Guesthouse ist (nicht nur) für seinen charmanten Service bekannt. Es liegt wunderbar zentral und trotzdem ruhig in Tamboerskloof.

Vom ☼ Pool im Garten aus haben Sie einen spektakulären Ausblick auf den Tafelberg. *8 Doppelzi., 2 Familienzi. | 5 Devonport Road | Tamboerskloof | Tel. 423 85 13 | Fax 424 52 44 | www.bergzichtguesthouse.co.za*

CAPE STANDARD [126 B2]

In dem kleinen, aber feinen Haus sitzen Sie auf Designklassikern von Mies van der Rohe oder liegen auf dem Sonnendeck mit Pool. <mark>Die Zimmer Nr. 8 und 9 haben Meerblick</mark>. *9 Zi. | 3 Romney Road | Green*

Insider Tipp

> LUXUSHOTELS
Exquisites Wohnen und Übernachten

THE BAY HOTEL CAMPS BAY ☼ [124 B3]

Das ganz in Weiß gehaltene Hotel liegt mitten im trendigen Camps Bay. Die meisten Zimmer bieten die Aussicht auf einen der schönsten Strände der Stadt, der sich direkt vor der Tür ausbreitet. Den luxuriösen Poolbereich nutzen die betuchten Gäste gerne, um dem Rummel am gut besuchten Strand zu entfliehen. *72 Zi., 6 Suiten ca. 250–650 Euro | 69 Victoria Road | Tel. 437 97 01 | Fax 438 44 33 | www.thebay.co.za*

CAPE GRACE ☼ [127 D2]

Das exklusive Hotel an der V&A Waterfront belegt einen eigenen Kai und ist auf drei Seiten von Wasser umgeben. Von allen Zimmern hat man einen herrlichen Ausblick entweder auf den Hafen oder den Tafelberg. Hier haben u.a. schon die Clintons residiert. *122 Zi. 500–1300 Euro | West Quay | V&A Waterfront | Tel. 410 71 00 | Fax 419 76 22 | www.cape grace.com*

MOUNT NELSON [126 C5]

Das rosa gefärbte „Nelly", wie es die Kapstädter nennen, ist die exklusivste Residenz, die die Stadt zu bieten hat. Im Hotel im Kolonialstil nächtigen die Stars aus Hollywood, in internationalen Bestenlisten wird das Mount Nelson immer wieder ganz oben geführt. *201 Zi. ab 500 Euro | 76 Orange St. | Central | Tel. 483 10 00 | Fax 483 10 01 | www.mount nelson.co.za*

TWELVE APOSTLES HOTEL AND SPA ☼ [124 A6]

Direkt am Fuß der Zwölf Apostel-Bergkette gelegen, bietet das Hotel seinen Gästen neben einem Spa, das in eine Grotte des Zwölf-Apostel-Massivs gehauen ist, und zwei Pools sogar ein Kino. Das hat im direkten Blick auf den Atlantik jedoch einen starken Konkurrenten. *70 Zi. 500–1500 Euro | Tel. 437 90 00 | Fax 437 90 01 | www.12apostlesho tel.com*

Point | Tel. 430 30 60 | Fax 439 63 32 | www.capestandard.co.za

CAPE VICTORIA GUESTHOUSE [126 B2]

Seit 15 Jahren verwöhnt die bezaubernde Lily ihre Gäste in dem familiär geführten Guesthouse mit Pool. Ihre geschmackvoll ausgesuchten Antiquitäten machen aus den Zimmern ebenso gemütliche wie stilvolle Refugien. Vom ☼ „Africa Room" und von der „Victoria Suite" im 1. Stock haben Sie einen besonders schönen Blick auf das Meer. *10 Zi. | 13 Torbay Road | Green Point | Tel./Fax 439 77 21 | www.capevictoria.co.za*

DADDY LONG LEGS [127 D5]

Schickes Hotel auf der Long Street. Ein idealer Ort für diejenigen, die mitten im Getümmel wohnen wollen und sich weder zur Backpacker-Fraktion noch zur gehobenen Klientel des *Grand Daddy* zählen. Jedes Zimmer hat seine eigene moderne Note, in der Nachbarschaft gibt es außerdem genauso schicke Selbstverpfleger-Apartments. *13 Zi., 6 Ap. | 134 Long St. | Central | Tel. 422 30 74 | Fax 422 34 46 | www.daddylonglegs.co.za*

IKHAYA LODGE ⭐ [127 D6]

iKhaya ist Xhosa und heißt „zu Hause". Die Mischung aus urbanem Komfort und afrikanischem Charme wird dafür sorgen, dass Sie sich schnell genauso fühlen. Vor der Tür die Cafés des charmanten Dunkley Square; das Stadtzentrum können Sie von hier erlaufen. *11 Zi., 2 luxuriöse Loft Suites, 8 Ap. für Selbstversorger | Dunkley Square/Wandel St. | Gardens | Tel. 461 88 80 | Fax 461 88 89 | www.ikhayalodge.co.za*

NINE FLOWERS [126 D6]

Jedes Zimmer der denkmalgeschützten Villa ist einer Blume gewidmet. In mehreren Magazinen wurde die mo-

Pompös: Säulenportal des Mount Nelson

derne Innenarchitektur schon gewürdigt. Die deutschen Gastgeber Matthias und Marrin bieten Ausflüge und Reisen an. Schöne Lage an den Company Gardens. *8 Zi. | 133–135 Hatfield St. | Gardens | Tel./Fax 462 14 30 | www.nineflowers.com*

ROMNEY LODGE [126 B2]

Mediterranes Flair vermischt mit afrikanischem Dekor. Abseits der Straße können Sie sich auf einer Terrasse mit Pool entspannen. *6 Zi. | 10 Romney Road | Green Point | Tel. 434 48 51 | Fax 434 09 13 | www.romneylodge.co.za*

THE VILLAGE LODGE [127 D3]

So perfekt gestylt wie das hauptsächlich schwule Publikum sind die Zimmer und der Pool auf dem Dach. Auch wer kein Zimmer gebucht hat, kann in der Open-Air-Bar *Sky* einen Drink bestellen und die tolle Aussicht auf den Tafelberg und die Stadt genießen. *17 Zi., 2 Ap., 4 Cottages | 49 Napier St. | De Waterkant | Tel. 421 11 06 | Fax 421 84 88 | www.the villagelodge.com*

Insider Tipp

WELGELEGEN GUESTHOUSE [126 C6]

Die Gäste sind untergebracht in zwei um 1900 entstandenen Gebäuden mit romantischem Innenhof und Pool. Der Besitzer ist Innenarchitekt, entsprechend stilsicher ist die Einrichtung. Die Bars, Cafés und Geschäfte der Kloof Street sind nur einen Steinwurf entfernt, kaum weiter ist es zu

Wie zu Hause fühlen: Kaminzimmer des Welgelegen Guesthouse

THE WALDEN HOUSE [126 B5]

Das viktorianische Gebäude überzeugt mit einem schönen Interieur im Kolonialstil: weiße Baumwollbettwäsche, Deckenventilatoren, Moskitonetze, weiße Holzdielen. Vier der Zimmer haben einen direkten Zugang zum Garten, in dem es auch einen Pool gibt. *6 Zi., 1 Suite | 5 Burnside Road | Tamboerskloof | Tel. 424 42 56 | Fax 08 66 89 48 02 | www.walden-house.com*

den Sehenswürdigkeiten im Stadtzentrum. *13 Zi., 1 Ap. | 6 Stephen St. | Gardens | Tel. 426 23 73 | Fax 426 23 75 | www.welgelegen.co.za*

WHALE COTTAGE GUESTHOUSE [124 B4]

Der Name ist Programm, denn von dem am Hang gelegenen Guesthouse kann, wer zur rechten Zeit kommt, Delphinen und Walen im Atlantik beim Auftauchen und Springen zusehen. Und bis zum schicken Strand

ÜBERNACHTEN

von Camps Bay sind es auch nur 500 m. *10 Zi. | 57 Camps Bay Drive | Camps Bay | Tel. 433 21 00 | Fax 433 21 01 | www.whalecottage.com*

■ HOTELS €

ALOE HOUSE [129 E4]

Kleines, liebevoll restauriertes Bed & Breakfast in Observatory. Der Clou sind die großzügigen, mit schwarzem Schiefer ausgekleideten Duschen. Gutes Preis-Leistungs-Verhältnis. *2 Zi. | 12 Howe St. | Tel./Fax 448 53 37 | www.aloehouse.co.za*

ASHANTI LODGE, GUESTHOUSE AND TRAVEL CENTRE ★ ▶▶ [U B2]

Das gehobene Backpacker und Guesthouse ist in einem wunderschönen viktorianischen Haus mit Pool und Sonnenterrasse untergebracht. Vom Café im 1. Stock blickt man auf den Tafelberg. 12 DZ und 10 Schlafsäle mit 6–8 Betten in der Lodge, 7 weitere komfortablere DZ mit Gemeinschaftsküche im zweiten Gebäude um die Ecke. *11 Hof St. | Gardens | Tel. 423 87 21 | Fax 08 66 69 48 09 | www.ashanti.co.za*

CACTUSBERRY LODGE ✿ [U B2]

Kunstvoll eingerichtetes Guesthouse mit tollem Blick auf den Tafelberg. Probieren Sie zum Frühstück unbedingt das marokkanische Liebesbrot. *6 Zi. | 30 Breda St. | Vredehoek | Tel./ Fax 461 97 87 | www.cactusberrylodge.com*

Insider Tipp

ELEMENTS [O]

Guesthouse mit gemütlichem Garten. Es liegt etwa 30 Autominuten entfernt vom Stadtzentrum, dafür aber in unmittelbarer Nähe zu den Wassersport-

spots von Tableview. *3 DZ, 3 Ap. 49 Sandpiper Crescent | Tableview | Tel. 557 88 47 | Fax 08 66 83 19 72 | www. elements-capetown.com*

ELEPHANT EYE LODGE [U B3]

Das Bed & Breakfast in einem umgebauten kap-holländischen Farmhaus liegt nahe des Tokai-Waldes und des Constantia-Tals. Zwei der Zimmer sind für Selbstversorger ausgestattet. Ruhige, familienfreundliche Unterkunft, etwa 30 Autominuten vom Stadtzentrum. *6 Zi. | 9 Sunwood Drive | Tokai | Tel. 715 24 32 | Fax 715 31 35 | www.elephantseyelodge. co.za*

>LOW BUDGET

> *Capetown Backpackers* ist ein gemütliches Backpacker-Hostel in günstiger Lage. Long Street und Kloof Street sind nicht weit entfernt. Die Zimmer sind einfach, aber dafür preiswert. In einem kleinen Haus dahinter gibt es weitere Zimmer mit eigenen Balkonen. *5 Schlafsäle, 16 Einzel- und Doppelzi. | 81 New Church St.* [126 C5] *| Tel. 426 02 00 | Fax 426 02 01*

> Orignell und günstig: In der *African Train Lodge* schlafen Sie in einem Zug mit zu Schlafzimmern hergerichteten Abteilen auf einem Gleis hinterm Bahnhof. TV-Räume, Billardtische und Kochgelegenheiten in den Wartehäuschen auf dem Gleis. Natürlich gibt's auch einen Speisewagen und sogar einen Pool. *56 Zi. | Monument Station | Old Marine Dr. | Central* [127 F5] *| Tel. 418 48 90 | Fax 418 58 48 | www.trainlodge.co.za*

HOTELS €

HOUSE ON THE HILL [126 C2]
Zwei Häuser, eines davon für Selbst-
verpfleger. Das Fußballstadion von
Greenpoint liegt nur wenige Hundert
Meter entfernt. *9 Zi. | 5 Norman Rd. |
Greenpoint | Tel. 439 39 02 | Fax 086/
657 02 92*

MEDITERRANEAN VILLA [126 B5]
Einfaches Guesthouse in einer viktorianischen, ruhig gelegenen Villa mit
schönem Garten, Pool und Zitronen-
bäumen im Innenhof. Das Haus wird
von der deutschsprachigen Katholi-
kengemeinde betrieben, der Gewinn
an karitative Projekte weitergegeben.
7 Zi., 1 Suite | 21 Brownlow Road |
*Tamboerskloof | Tel. 423 21 88 | Fax
422 18 99 | www.medvilla.co.za*

THE STABLES [U B3]
Guesthouse im Constantia-Tal, dessen Zimmer in ehemaligen Ställen
untergebracht sind. Alle haben eine
eigene Terrasse. Riesiger Garten mit
Pool und ein üppiges, sechsgängiges
Frühstück. *7 Zi. | Chantercler Lane |
Constantia | Tel./Fax 794 36 53 |
tstables@mweb.co.za*

17 ON LOADER [127 D3]
Stilvolles Guesthouse im Viertel De
Waterkant. Von der ☀ Dachterrasse
hat man einen wunderbaren Blick

> BÜCHER & FILME
Alltag Zwischen Apartheid und HIV

> **Long way to Freedom** – Das bewegte
Leben Nelson Mandelas, der es als
einer von wenigen geschafft hat,
Schwarze wie Weiße hinter sich zu
vereinen, ist eng mit der Geschichte
des Landes verwoben. Sie werden
einige seiner Zwischenstationen wie
z.B. Robben Island mit dem entsprechenden Hintergrundwissen aus
seiner spannenden Autobiographie
bei einem Besuch ganz anders
wahrnehmen.

> **Schande** – Die Bücher des aus Kap-
stadt stammenden Literatur-Nobel-
preisträgers J. M. Coetzee wie sein
mehrfach prämierter Roman „Schan-
de" vermitteln einen intensiven Einblick in die noch immer existierenden
Rassenprobleme Südafrikas.

> **Gott, Aids, Afrika** – Stefan Hippler ist
Pfarrer der deutschsprachigen katho-
lischen Gemeinde Kapstadts und Ini-
tiator des HIV/Aids-Projekts „Hope".
Gemeinsam mit dem „Zeit"-Korres-
pondenten Bartholomäus Grill be-
schreibt er, wie der HI-Virus in Südafrika wütet, und berichtet vom täg-
lichen Kampf gegen die Pandemie.

> **U-Carmen eKhayelithsa** – Diese
filmische Adaption von Georges Bi-
zets Oper verpflanzt die Geschichte
Carmens in das größte Township
Kapstadts. Auf der Berlinale 2005
wurde er mit dem Goldenen Bären
ausgezeichnet.

> **Yesterday** – Der Film von 2004 war
der erste Zulu-sprachige Film Südafrikas für den internationalen Markt.
Er erzählt die Geschichte einer Frau,
die von ihrem Mann mit dem HI-Virus
angesteckt wird und danach nur noch
ein Ziel hat: so lange zu überleben,
bis ihre Tochter zur Schule geht. Tief
bewegend und erschütternd.

über die ganze Stadt, in der Nachbarschaft kann man auch Cottages mit Selbstverpflegung buchen. *11 Zi., 3 Cottages | 17 Loader St. | De Waterkant | Tel. 418 34 17 | Fax 425 67 26 | www.17loader.za.net*

Pool, Whirlpool, TV und Internetzugang zur Verfügung – für ein Backpacker Hostel ein eher überraschendes, fast luxuriöses Portfolio. Im Garten ist sogar Zelten erlaubt. *4 Schlafsäle und 9 Zi. | 57 Milton*

Günstig und gut: Long Street Backpackers'

◼ BACKPACKER ◼

THE BACKPACK AND AFRICAN
TRAVEL CENTRE ▶▶   [126 C5]

Gemütliche Lodge; hier sind auch Familien willkommen. Planen Sie Ihre Ausflüge mit dem Travel Centre, und entspannen Sie sich danach am Pool im Garten. *8 Schlafsäle (4–8 Betten), 9 EZ, 7 DZ | 74 New Church St. | Central | Tel. 423 45 30 | Fax 423 00 65 | www.backpackers.co.za*

THE GREEN ELEPHANT ▶▶   [129 E5]

Im Studentenviertel Observatory stehen den Gästen ein solarbeheizter Road | *Tel. 448 63 59 | Fax 448 05 10 | www.hostels.co.za*

LONG STREET
BACKPACKERS' ★ ▶▶   [127 D5]

Für Service, Komfort und günstige Preise schon mit einem „Hoscar" ausgezeichnet, dem Award für das beliebteste Hostel des Kontinents. Trotz der Lage im Partyzentrum nachts ruhig. Sonntags gibt's kostenlosen Eintopf. *16 Schlafsäle, 15 Zi. | 209 Long St. | Central | Tel. 423 06 15 | Fax 423 18 42 | www.longstreetback packers.co.za*

VON STRAUSSEN UND STERNEN

Tipps für Kapstadt mit den Kleinen

CAPE POINT OSTRICH FARM [U B5]

Wer nicht auf Anhieb sagen kann, wie schwer ein Straußenei ist und wie lange es dauert, bis daraus ein Nachwuchsstrauß schlüpft, muss nicht den Kopf in den Sand stecken. Das alles und mehr erfahren Tierfreunde auf der einzigen Zuchtfarm der Kaphalbinsel. Führungen gibt es auch auf Deutsch. *Tgl. 9.30 bis 17.30 Uhr | Touren R40, Kinder R20 | Tel. 780 92 94 | Plateau Road | gegenüber der Einfahrt zum Kap der Guten Hoffnung*

PLANETARIUM [127 C–D5]

Schon vor der Bettzeit Sterne schauen? Im Planetarium des *South African Museum* geht das den ganzen Tag über. Erkundigen Sie sich nach den wechselnden Shows. Einige eignen sich besonders gut für kleinere Kinder, andere sind eher für die Hobby-Astronomen jenseits der 18 gedacht. *Shows R20, Kinder R6 | Tel. 481 39 00 | South African Museum | 25 Queen Victoria St. | Company Gardens*

PUTT PUTT COURSE [126 A1]

Hole in One mit Meerblick: Auf dem Mini-Golfplatz unweit der Promenade in Mouille Point kann man das ganze 36-mal versuchen. Hier gibt es zwei Plätze mit je 18 Löchern. *Tgl. 9–21 Uhr | R 10,50 | Bill Peters Drive | Mouille Point | Tel. 434 68 05*

RATANGA JUNCTION [U B–C1]

Vergnügungspark mit Achterbahnen für den Adrenalinkick, Kinderkarrussels und Bootsfahrten. *Nur im Sommer geöffnet, tgl. 10–17 Uhr | Century City Blv. | Century City | Milnerton | Tel. 086/120 03 00 | R 100 (über 1,30 m Körpergröße), R 50 (unter 1,30 m Körpergröße)*

SAFARI

Nicht mit dem vollen Out-of-Africa Gefühl, aber dafür malariafrei und in Stadtnähe gibt es zwei Wildtierfarmen, die Safaritouren und Übernachtungen in Vier-Sterne-Unterkünften anbieten. *Aquila Safari (www.aquilasafari.com | Tel. 431 84 00) und Inverdoorn Game*

> MIT KINDERN UNTERWEGS

Reserve (Ceres | *www.inverdoorn.com* | Tel. 0214/34 46 39).

SCRATCH PATCH [127 D1]
In die riesige Kiste mit polierten Steinen können sich Schatzsucher hineinsetzen und mit dem Wühlen beginnen: Jede Menge Halbedelsteine wie Lapislazuli oder Rosenquarz sind hier versteckt. In der kleinen *(R 14)* oder großen *(R 85)* Tüte kann man sie mit nach Hause nehmen. *Tgl. 9–18 Uhr | Dock Rd. | V&A Waterfront | Tel. 419 94 29*
Wie Halbedelsteine verarbeitet werden, kann man sich in der Filiale in Simon's Town [U B5] anschauen. *Mo–Fr 8.30 bis 16.45 Uhr | Dido Valley Rd. | Tel. 786 20 20*

SERENDIPITY MAZE [126 A1]
Insider Tipp

Wer bis zur Mitte vorstößt, hat einen Wunsch frei. Das verspricht zumindest die zuständige Fee. Zuerst muss man allerdings durch ein verwuchertes Labyrinth von Hecken den Weg dorthin finden. *Serendipity Maze* ist der drittgrößte Irrgarten der Welt; für diesen Titel reichen jedoch schon recht übersichtliche 14 000 m². Was es sonst noch mit den Wünschen und Feen auf sich hat, sollte man sich vom Betreiber Jonathan Durr erklären lassen. Den hat, so scheint es, irgendjemand aus einem Märchenonkel-bilderbuch ausgeschnitten und an der Strandpromenade von Mouille Point ausgesetzt. *Mo–Fr 14–19, Sa/ So 10–19 Uhr | R20, Kinder R15 | Beach Rd. | Mouille Point | Tel. 076/903 11 02*

WORLD OF BIRDS [U A3]
Durch die großen Volieren mit über 3000 Vögeln kann man einfach hindurchlaufen. *World of Birds* ist der größte Vogelpark Afrikas, aber längst nicht nur für seine Vögel bekannt. Im *Monkey Jungle* leben kleine, handzahme Affen, die ihre Besucher gerne aus nächster Nähe begutachten. Mit dem Auto braucht man von Kapstadt aus ca. eine halbe Stunde. *Tgl. 9–17 Uhr | R59, Kinder R37 | Valley Rd. | Hout Bay | www.worldofbirds.org.za*

> WILDER WALD UND SCHWARZE FLÜSSE

Einsame Strände, unberührte Natur und
kleine Küstenorte am Indischen Ozean

> Als die ersten europäischen Siedler an
der Südküste Afrikas eintrafen, hatten sie
das Gefühl, in einem üppigen Garten gelandet
zu sein. Die gesamte Küstenregion entlang
des Indischen Ozeans ist überzogen mit
wilden Wäldern und farbigen Fynbos-Blüten.
Deshalb gaben die Siedler dieser Region den
Namen Garden Route.
Von Mossel Bay im Westen bis zum
Tsitsikamma National Park erstreckt
sich auf gut 200 km ein Küstenstrei-
fen, dessen Schönheit überwältigend

ist: einsame Strände und Buchten,
urwaldartig überwucherte Berghänge
und Klippen, in die sich immer
wieder tiefe Schluchten fressen.
Durch diese schlängeln sich Flüsse,
deren Wasserfärbung wegen der Fil-
terung durch den tanninhaltigen
Waldboden an kräftigen Rotwein er-
innert. Ihr Wasser mischt sich an der
Küste mit den warmen Strömungen
des Indischen Ozeans. Die Einsam-
keit der Landschaft wechselt sich mit

Bild: Hängebrücke im Tsitsikamma National Park

GARDEN ROUTE

dem lebendigen Charme der Orte ab. Inoffizielle Hauptstadt der Garden Route ist *Knysna,* das regelmäßig zum Lieblingsferienort des Landes gewählt wird. Viele Urlauber erkunden von hier aus die weitere Umgebung. Die Distanzen sind überschaubar. Wer sparen möchte und keinen Wert darauf legt, im Zentrum des Garden-Route-Tourismus zu übernachten, wählt als Schlafstätte eine Alternative entlang der Strecke.

Nehmen Sie auf dem Hin- oder Rückweg zwischen Kapstadt und der Garden Route die R 62 durch die Halbwüste der Klein Karoo im Hinterland, und planen Sie ein bis zwei Übernachtungen ein. Der extreme Kontrast der kargen Landschaft zur fruchtbaren Garden Route ist faszinierend. Wichtigster Ort entlang der Strecke und Weltmetropole der Straußenzucht ist *Oudtshoorn.* Die schöne Route 62 ist außerdem die längste

Weinstraße der Welt. Durch die kargen Bedingungen sind die Weingüter hier für Portwein, Brandy und Dessertweine bekannt. Südafrikas Portmetropole ist unangefochten *Calitz-*

Historisches Segelschiff
im Bartolomeu Diaz Museum

dorp (50 km von Oudtshoorn). Lassen Sie sich eine Weinprobe auf einem der Weingüter nicht entgehen! Nehmen Sie sich für die Garden Route eine Woche Zeit. Das reicht, um die vielen Facetten dieser Region zu entdecken. Die folgende Auflistung der Hauptorte folgt nicht dem Alphabet, sondern dem Verlauf der Garden Route.

MOSSEL BAY

[131 E6] Ab 1500 tauchten die portugiesischen Seefahrer, die hier ihre Vorräte auffüllten, Nachrichten aus, die sie an einem alten Milkwood-Baum hinterließen. Später wurde der Baum in dem kleinen Küstenort als erstes Postamt Südafrikas berühmt. Seinen Namen erhielt Mossel Bay (35 000 Ew.), heute ein lebendiges Hafen- und Ferienstädtchen, im 17. Jh. von den Holländern wegen des großen Muschelvorkommens.

■ SEHENSWERTES ■

BARTOLOMEU DIAZ MUSEUM COMPLEX
Benannt nach dem ersten europäischen Seefahrer, der 1488 in Südafrika vor Anker ging. Museumszentrum mit diversen, meist heimatkundlichen Museen und dem *Post Office Tree.* Auch heute kann man von hier aus noch seine Post verschicken. *Mo–Fr 9–16.45, Sa/So 9–15.45 Uhr | 1 Market St.*

■ ÜBERNACHTEN ■

BAY LODGE ON THE BEACH
Der Name ist Programm: Sie wohnen am Strand und schlafen zum Takt der Wellen ein. *9 Zi. | 29 Bob Bower Crescent | Tel. 044/695 06 90 | Fax 695 17 11 | www.bay-lodge.co.za | €€*

■ STRAND ■

Unterhalb der Stadt liegt der *Santos Beach:* schwimmen im warmen Wasser des Indischen Ozeans.

■ AUSKUNFT ■

MOSSEL BAY TOURISM BUREAU
Ecke Market/Church St. | Tel. 044/ 691 22 02 | www.visitmosselbay.co.za

GEORGE

[131 E5–6] Die kleine, 1811 gegründete Stadt (105 000 Ew.) liegt zwischen den schönen Outeniqua-Bergen und dem Meer und ist das Geschäftszentrum der Garden Route. Vor allem Golffreunde zieht es hierher, was nicht zuletzt an *Fancourt* liegt, dem international berühmten Golfresort. Hier wurden u. a. der President's Cup zu Ehren von Nelson Mandela und der erste Frauenweltcup ausgespielt.

■ SEHENSWERTES ■■■■■■■

OLD SLAVE TREE

In den Stamm der knapp 200 Jahre alten Eiche sind Teile einer alten Eisenkette eingewachsen. Hier sollen früher Sklavenversteigerungen stattgefunden haben. *York Street*

THE OUTENIQUA CHOO-TJOE ★

Täglich zweimal (außer So) pendelt die historische Dampflok zwischen George und Mossel Bay. Und sobald die Strecke wieder instand gesetzt ist, soll es auch wieder bis Knysna weitergehen. Die zweistündige Fahrt führt direkt durch die atemberaubende Landschaft zwischen den beiden Orten. Buchen Sie Ihre Tickets in George: *Tel. 044/801 82 88 | Hin- und Rückfahrt 100 Rand*

■ FREIZEIT & SPORT ■■■■■■■

FANCOURT

Das Golfresort rangiert weltweit auf den vorderen Plätzen. Zum einen liegt dies an den vier 18-Loch-Plätzen, die der berühmte Golfer Gary Player gestaltet hat, zum anderen an der Exklusivität des angeschlossenen Luxushotels. Greenfee für Nichtmitglieder ab 300 Rand. *Montagu Street | Tel. 044/804 00 10 | Fax 804 07 00 | www.fancourt.com*

■ AUSKUNFT ■■■■■■■■■■

GEORGE TOURISM BUREAU

124 York St. | Tel. 044/801 92 95 | Fax 801 92 99 | www.tourismgeorge.co.za

■ ZIELE IN DER UMGEBUNG ■

OUDTSHOORN ★   [131 E5]

Nach Oudtshoorn, 50 km von George entfernt, gelangen Sie über den schönen *Outeniqua-Pass*. Die Stadt ist Zentrum der Straußenzucht und wichtigster Ort der Halbwüste Klein Karoo. Besuchen Sie eine der Zuchtfarmen, z.B. die *Highgate Ostrich Show Farm*, die älteste Straußenfarm der Welt *(Tel. 044/272 71 15 | ca. 10 km außerhalb von Oudtshoorn in Richtung Mossel Bay, der Beschilderung an der R 328 folgen)*. In Oudtshoorn finden Sie mit dem *Jemima's* außerdem eins der Top-10-Restau-

MARCO POLO HIGHLIGHTS

★ **The Outeniqua Choo-Tjoe**
Mit der historischen Dampflok durch wilde Natur (Seite 91)

★ **Oudtshoorn**
Welthauptstadt der Straußenzucht (Seite 91)

★ **Featherbed Nature Reserve**
Naturreservat direkt an der Lagune (Seite 93)

★ **Tsitsikamma National Park**
Wandern und wohnen im Nationalpark am Meer (Seite 95)

KNYSNA

rants Südafrikas. Ein Genuss: Strau-ßen- und Lammfleisch, kombiniert mit regionalen Gewürzen. Unbedingt reservieren! *(Di–So 11–14, 18–22 Uhr | 94 Baron van Reede St. | Tel. 044/272 08 08 | €€).* Übernachten Sie im *Foster's Manor*, einer ehemaligen Straußenfarm *(8 Zi. | 52 Voortrecker Rd. | Tel. 044/279 26 77 | Fax 279 26 78 | €–€€).*

Auskunft: *Oudtshoorn Tourism Bureau | Baron van Reede St. | Tel. 044/279 25 32 | www.oudtshoorninfo.com*

WILDERNESS NATIONAL PARK [131 E5–6]

Über 28 km entlang der Küste zieht sich der Nationalpark (18 km von George entfernt), der seine besonders abwechslungsreiche Flora und Fauna u.a. dem Aufeinandertreffen des Indischen Ozeans und den süßwasserhaltigen Bergflüssen zu verdanken hat. Für Wanderungen, Abseiling, Rad- und Kanutouren gibt es zahlreiche Anbieter. Erkundigen Sie sich beim *Wilderness Tourism Bureau (Leila's Lane | Tel. 044/877 00 45 | www.tourismwilderness.co.za).* Wer mag, kann in einer der Ferienhütten *(€)* im Park die Nacht verbringen. *Ebb & Flow Camp an der N 2 östlich von Wilderness ausgeschildert | Tel. 044/877 11 97 | Fax 877 03 66 | www.sanparks.org*

KNYSNA

[131 E6] Regelmäßig wird Knysna (30 000 Ew.) von den Südafrikanern zum beliebtesten Ferienort gewählt und ist entsprechend touristisch erschlossen. Die Waterfront mit ihren Restaurants und Souvenirläden ist auf die zahlreichen Gäste eingerichtet. Rund 2 Mio. Touristen im Jahr irren nicht: Knysna ist ein herrliches Fleckchen! Im Zentrum ragt die *Knysna-Lagune* in die Stadt hinein. An ihrer Meeresmündung liegt das Naturreservat *Featherbed Nature Reserve*, das nur über den Wasserweg erreichbar ist. Berühmt ist Knysna u.a. für seine Austern. Beim Austernfestival im Juli werden bis zu 300 000 von ihnen verzehrt. Berüchtigt ist Knysna für seinen Hafen. Mittlerweile lässt sich keine Versicherung mehr darauf ein, Schiffe zu versichern, die ihn anfahren. 87 Schiffswracks liegen hier schon auf Grund.

> ENDE DES WALKAMPFS
Woher der „Southern Right Whale" seinen Namen hat

Die an der Garden Route häufig vorkommenden „Southern Right Whales" heißen so, weil sie sich perfekt zum Jagen eigneten: Mit der Harpune getötet trieben die 14–16 m langen Wale auf dem Wasser und konnten so komfortabel („richtig") abgeschleppt werden. Seit 1986 ist die Jagd auf die Meeressäuger verboten, Südafrika war das weltweit erste Land, das den Walfang einstellte. Mittlerweile steigt der Walbestand wieder. Im November machen sich die Glattwale auf den Weg zurück in das kalte Wasser der Antarktis – mit einer Geschwindigkeit von 5–8 Stundenkilometern.

GARDEN ROUTE

■ SEHENSWERTES ■

FEATHERBED NATURE RESERVE ★ ☀

Wunderschönes Naturreservat an und auf der Sandsteinklippe an der Lagunenmündung mit Blick auf die Schiffswracks im Ozean. Erkundigen Sie sich nach den verschiedenen Touren, die z.T. mehrgängige Menüs

der Sandsteinklippe fahren und haben von mehreren Aussichtspunkten einen tollen Blick auf die Lagune. Vielleicht leistet Ihnen dabei sogar der ein oder andere Dassie Gesellschaft: Die sehen zwar aus wie Meerschweinchen, ihre nächsten Verwandten sind aber Elefanten.

Schmucke Sommervillen säumen die Lagune von Knysna

beinhalten oder mit dem einzigen Schaufelraddampfer Südafrikas ablegen. In der Hochsaison rechtzeitig buchen! *Touren tgl. 8.45–18.15 Uhr | 90–440 Rand (je nach Umfang) | Tel. 044/382 16 93 | www.featherbed.co.za*

THE HEADS ☀

Kurz hinter Knysna in Richtung Plettenberg Bay auf der N 2 finden Sie die Beschilderung nach *The Heads*. Sie können mit dem Auto bis zur Spitze

■ ESSEN & TRINKEN ■

KNYSNA OYSTER CO

Entdecken Sie beim Weißwein den Unterschied zwischen wilden und gezüchteten Austern. *Tgl. 9–21 Uhr | Thesen Island | Tel. 044/382 69 42 | €€*

PHANTOM FOREST

Insider Tipp

Ein besonderes Erlebnis! Sie werden von einem Geländewagen abgeholt und genießen ein phantastisches Menü mitten im Wald mit Blick aufs

PLETTENBERG BAY

Meer. *Phantom Forest* bietet auch Übernachtungsmöglichkeiten. *Phantom Pass, westlich von Knysna von der N 2 abgehend | Tel. 044/386 00 46 | €€€*

Einheimischen aus Johannesburg auch besonders schwergewichtige Gäste gerne ihre Zeit. Von Juli bis November ist Plettenberg Bay bei aus der Antarktis angereisten Walen beliebt, die man

Abschalten am weiten Strand von Plettenberg Bay

▪ AUSKUNFT ▪▪▪▪
KNYSNA TOURISM
40 Main St. | Tel. 044/382 55 10 | www.visitknysna.com

PLETTENBERG BAY

[131 E6] In „Plett", wie die Südafrikaner diesen bezaubernden Ort (10 000 Ew.) nennen, verbringen neben immer mehr

mit Glück sogar beim Gebären ihres Nachwuchses beobachten kann.

▪ SEHENSWERTES ▪▪▪▪
ROBBERG ISLAND NATURE RESERVE
Auf Wanderstrecken durch die unberührte Natur der Halbinsel kommen Sie an Höhlen und Stränden vorbei. Mit Glück können Sie Seehunde, Delphine und Wale beobachten. *Eintritt R 25 | 4 km südl. von Plettenberg Bay | www.capenature.org.za*

> *www.marcopolo.de/kapstadt*

ESSEN & TRINKEN

LE BISTRO ON THE BAY

Leichte französische Küche in einem charmant eingerichteten Bistro. *Tgl. 8–16 Uhr | Lookout Centre | Main St. | Tel. 044/533 13 90 | €*

ÜBERNACHTEN

SOUTHERN CROSS BEACH HOUSE

Die schöne Villa im Landhausstil liegt direkt am Strand. *5 Zi. | 1 Capricorn Lane | Tel. 044/533 38 68 | Fax 533 38 66 | €€*

FREIZEIT & SPORT

AVENTURA ECO PLETTENBERG

Bootsfahrten den Keurboom-Fluss hinauf durch eine tiefe Schlucht. Übernachtungsmöglichkeiten am Ufer. *6 km östlich von Plettenberg Bay an der N 2 | Tel. 044/535 93 09*

STRÄNDE

Die zwei Stadtstrände heißen *Central* und *Hobie*. Schön ist auch der **Insider Tipp** Keurboomstrand *(ein paar Kilometer östlich an der N 2 der Beschilderung folgen)*, hinter dem sich urwaldartig bewachsene Felsen erheben. Vorsicht, starke Strömung!

AUSKUNFT

PLETTENBERG BAY TOURISM ASSOCIATION

Shop 35, Melville's Corner | Main St. | Tel. 044/533 40 65 | www.plettenbergbay.co.za

ZIEL IN DER UMGEBUNG

TSITSIKAMMA NATIONAL PARK ★ [131 F6]

In dem 70 km von Plettenberg Bay entfernten Park, der rund 100 km Küstenlinie umfasst, kann man phan-tastisch wandern. Der schönste Punkt ist die Flussmündung des Storm's River. Informieren Sie sich im Besucherzentrum über die für Sie passende Route. Es gibt tolle Übernachtungsmöglichkeiten im Park, die allerdings sehr frühzeitig gebucht werden müssen. Fahren Sie auf dem Weg zum Park über die R 102 und machen Sie unbedingt an *Nature's Valleys* **Insider Tipp** unberührtem Strand halt. Ein Tipp für den ultimativen Adrenalinkick: Auf der Rückfahrt über die N2 kommen Sie an dem mit 216 m weltweit höchsten Bungeesprung von der ✿ *Bloukrans-Brücke* vorbei *(tgl. 9–17 Uhr)*. Ab der Ausfahrt östlich der Brücke werden geführte Touren über die Brücke angeboten. *Tsitsikamma National Park | Eintritt 80 Rand | www.sanparks.org*

![Weinberge in den Wine Lands]

> DIE TRAUBEN HÄNGEN HOCH

In den Wine Lands können Sie vorzüglichen Wein probieren oder sich
an der zauberhaften Landschaft berauschen

 **KARTE IN DER HINTEREN
UMSCHLAGKLAPPE**

> Bei klarer Sicht sind die Bergketten der
Wine Lands schon von Kapstadt aus zu
sehen: Sie zeichnen sich im Südosten als
Silhouetten ab. Und hat man die Fahrt-
strecke – vom Zentrum Kapstadts aus
etwa eine Autostunde – zurückgelegt, ist
ihr Anblick kaum weniger überwältigend.
Die Berge, über die sich die Rebenfelder
der Weinfarmen ziehen, machen die Wine
Lands zu einem bezaubernden Landstrich.

Bild: Weinberge in den Wine Lands

Über 150 Weinfarmen verteilen sich
im Gebiet zwischen den Städtchen
Stellenbosch, Paarl und Franschhoek.
Die ersten entstanden bereits im 17.
Jh.: Jan van Riebeek, erster Gouver-
neur am Kap, erkannte die günstigen
Klimavoraussetzungen und ließ hier
Wein anbauen. Sein Nachfolger, Si-
mon van der Stel, nach dem Stellen-
bosch benannt wurde, und die aus
Frankreich vertriebenen Hugenotten,
die sich um Franschhoek ansiedelten,

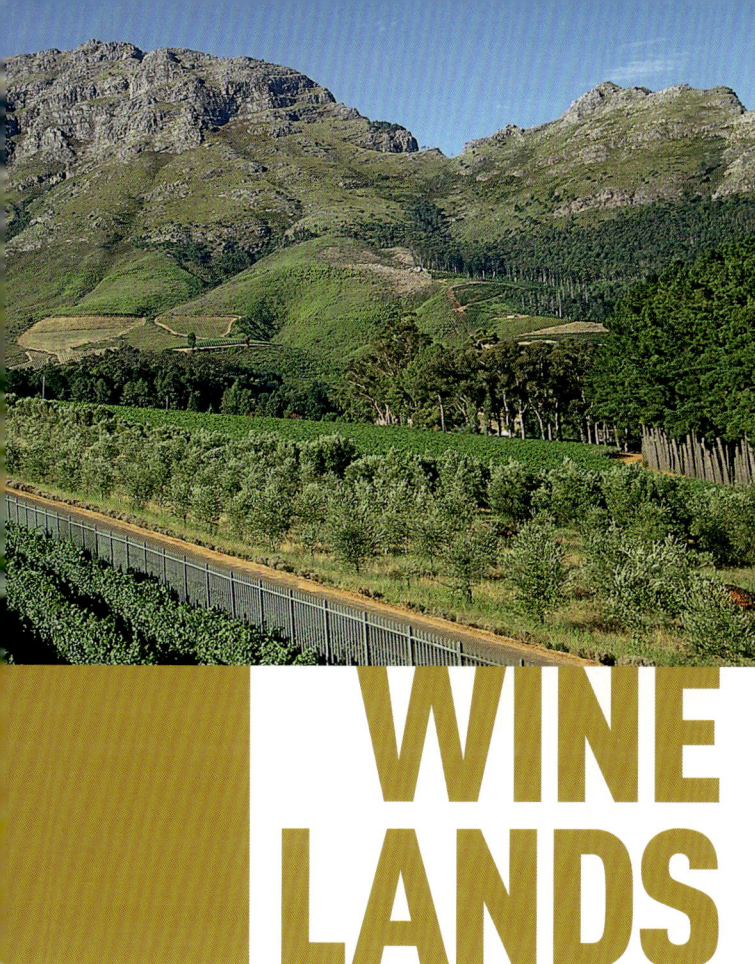

WINE LANDS

verhalfen dem hier produzierten Wein zu Weltruhm.

Auf den meisten der traumhaft schönen Weingüter kann man Wein verkosten (ein *Wine Tasting* kostet in der Regel zwischen 10 und 20 Rand), und manche Weinfarmen sind darüber hinaus für ihren Käse oder für Ausritte über die Wiesen der Farm bekannt. Außerdem gibt es in den Wine Lands einige der besten Restaurants ganz Südafrikas, und über

die Bergketten führen Pässe mit sagenhaften Aussichten. Die Wine Lands haben sich längst den touristischen Bedürfnissen angepasst: Es gibt mehrere Weinrouten, die von Weinfarm zu Weinfarm führen (fragen Sie bei den Touristeninformationen nach den entsprechenden Broschüren). Und für Weingenießer, die Lust auf eine von Experten geführte Tour haben, gibt es in der Touristeninformation im Clock Tower der

Insider Tipp Victoria & Alfred Waterfront einen speziellen *Wine Desk (tgl. 9–21 Uhr | Tel. 405 45 50 | www.winedeskwaterfront.co.za):* Die Mitarbeiter organisieren Tagestouren, die von Absolventen der Weinakademie geleitet werden, und veranstalten eigene Events, bei denen Sie z.B. auf einer

Arbeiter bei der Weinlese

Weinfarm selbst Trauben ernten und die Beeren später in Fässern stampfen können.

FRANSCHHOEK

[130 B5] Klein-Frankreich in Südafrika: Der Ort (4000 Ew.) wurde 1688 von Hugenotten gegründet, die wegen ihres Glaubens Frankreich verlassen mussten. Das Städtchen kann zwar mit der architektonischen Schönheit Stellenboschs

nicht mithalten, allein die Lage aber – Franschhoek liegt in einem zauberhaften Tal, umgeben von mehreren Bergketten – macht einen Besuch wert. Und das Essen allemal: Franschhoek gilt als die Gourmetmetropole der Western-Cape-Region und Lachsforelle als die Spezialität des Orts.

■ SEHENSWERTES ■

FRANSCHHOEK PASS ⭐ ⚘
Wer die engen Kurven des Passes bewältigt hat, wird mit spektakulären Ausblicken über das ganze Tal belohnt. Im Ort selbst hat die Strecke den Namen „Elefantenpass": Die Hugenotten ließen sich die Strecke zwischen Franschhoek und Villiersdorp von den Dickhäutern austrampeln.

■ ESSEN & TRINKEN ■

LA PETITE FERME ⚘
Wunderbar ist hier die Aussicht auf das gesamte Franschhoek-Tal, zu der man dringend eine Lachsforelle oder leckere kapmalaiische Spezialitäten bestellen sollte. *Tgl. 12–16 Uhr | Franschhoek Pass | Tel. 876 30 16 | €€*

LE QUARTIER FRANÇAIS
Wer sich für keines der exquisiten Gerichte entscheiden kann, bestellt eine Zusammenstellung der besten Delikatessen (in verschiedenen Preiskategorien), die jeweils mit dem dazu passenden Wein serviert werden. Anschließend kann man in den roten Sesseln des <mark>kleinen Kinos</mark> versinken, **Insider Tipp** um sich Filmklassiker anzusehen. *Tgl. ab 19 Uhr | 16 Hugenot Road | Tel. 876 21 51 | €€€*

REUBEN'S ⭐

Reuben Riffel ist einer der Stars der südafrikanischen Küche, sein Restaurant gewann schon wenige Monate nach der Eröffnung etliche Auszeichnungen. Riffel verbindet die Einflüsse der einheimischen Kochkunst mit internationalen Spezialitäten. *Tgl. 9–15 und 19–21 Uhr | Oude Stallen Centre | 19 Hugenot Road | Tel. 876 37 72 | €€*

■ ÜBERNACHTEN ■

LA FONTAINE GUESTHOUSE

Liebevoll hergerichtete historische Villa mit Pool. Die Zimmer sind alle mit wunderschönen Antiquitäten individuell eingerichtet. Leckeres Frühstück vom Büfett. *12 Zi., eine Familiensuite | 12 Dirkie Uys St. | Tel./Fax 876 21 12 | www.lafontainefransch hoek.co.za | €*

■ AM ABEND ■

LA MOTTE

Im schicken Weinkeller werden am Wochenende Klassikkonzerte gegeben. Es spielen renommierte Künstler, die der Einladung von Besitzerin Hanneli Koegelenberg, selbst eine bekannte Mezzosopranistin, gerne folgen. Anschließend gibt's Häppchen und Wein. *Eintritt 125 Rand (inkl. Fingerfood nach dem Konzert) | 6 km außerhalb (an der R 45) | Tel. 876 31 19 | www.la-motte.com*

■ AUSKUNFT ■

FRANSCHHOEK VALLÉE TOURISM BUREAU

70 Huguenot St. | Tel. 876 36 03 | www.franschhoek.org.za

■ ZIEL IN DER UMGEBUNG ■

BOSCHENDAL [130 B5]

Eine der ältesten und schönsten Weinfarmen Südafrikas, ca. 20 km von Franschhoek: Der Weinkeller, erbaut im kapholländischen Stil, stammt aus dem Jahr 1685, in einem der ehemaligen Herrenhäuser ist ein Restaurant untergebracht, und im *Le Café* kann man den Blanc de Noir probieren, für den das Weingut bekannt ist. *Tgl. 8.30–17 Uhr | Pniel Road | Groot Drakenstein | Tel. 870 42 00*

Le Café Insider Tipp

PAARL

[130 B5] Der Ort am Berg River ist benannt nach dem Peerlbergh, einem 700 m hohen Granitfelsen, der nach Regenfällen in der Sonne glänzt wie eine Perle. In Paarl (88 000 Ew.) stehen viele Häuser und Kirchen im viktorianischen

MARCO POLO HIGHLIGHTS

⭐ **Franschhoek Pass**
Atemberaubende Aussicht über die Wine Lands (Seite 98)

⭐ **Reuben's**
Hier kocht einer der Stars der südafrikanischen Küche kreativ auf (Seite 99)

⭐ **KWV**
Die beste Weinkellertour endet mit einem ausgezeichneten Brandy (Seite 100)

⭐ **Vergelegen**
Auf diesem Weingut werden Staatsgäste empfangen (Seite 103)

Stil, meist an der Main Street. Außerdem ist hier die weltgrößte Weingenossenschaft KWV (Kooperatieve Wijnbouwers Vereniging) zu Hause. Die Stadt hat auch in historischer Hinsicht Bedeutung: Zum einen gilt Paarl als die Heimat der Kreolsprache Afrikaans (die erste Tageszeitung in Afrikaans, „Die Afrikaanse Patriot", wurde 1875 hier gedruckt), zum anderen verbrachte Nelson Mandela hier seine letzten Jahre im Arrest.

◼ SEHENSWERTES ◼

PAARL MOUNTAIN NATURE RESERVE

Nationalpark rund um das Wahrzeichen der Stadt: Im Zentrum steht der 500 Mio. Jahre alte Granitfelsen, den nur geübte Kletterer besteigen können. Alle anderen können im Park wandern. *Okt.–März tgl. 7–19, April–Sept. 7–18 Uhr | Eintritt Sa/So 23 Rand pro Auto, 6 Rand pro Person, Mo–Fr Eintritt frei | Tel. 872 36 58*

◼ WEINGÜTER ◼

FAIRVIEW

Die Farm ist berühmt für den vorzüglichen Käse aus Schafs-, Kuh- und Ziegenmilch. Stellen Sie sich im angegliederten Café für ein paar Rand eine **köstliche Käseplatte** Ihrer Wahl zusammen! *Mo–Fr 8.30–17, Sa 8.30 bis 16, So 9.30–16 Uhr | Suid Agter Paarl Road | Suiderpaarl | Tel. 863 24 50*

Inside Tipp

KWV ★

Die Touren der 1918 gegründeten *Kooperatieve Wijnbouwers Vereniging* beginnen mit einem Film, der die Weinproduktion beschreibt. Dann wird man durch die riesigen Hallen des seit 1997 privatwirtschaftlich geführten Gutes geführt und kostet sich durch die hervorragenden Weine und Brandys der Genossenschaft. *Führungen Mo–Sa 10, 10.15 (in Deutsch) und 10.30, So 11 Uhr | 30 Rand | Kohler Street | Tel. 807 30 07*

Edle Tropfen lagern im Keller der Weingenossenschaft KWV in Paarl

1947 KWV
Tanige Port
Tawny Port
Paarl Oorsprong
Aangekoop @
£ 10-10-0/Leer
571 Liter

■ ÜBERNACHTEN ■

PONTAC MANOR

Das Hotel liegt auf einer ehemaligen Weinfarm und ist untergebracht in einem der ältesten Farmhäuser Paarls. *23 Zi. | 16 Zion St. | Tel. 872 04 45 | Fax 872 04 60 | www.pontac.com | €€*

■ AUSKUNFT ■

PAARL TOURISM BUREAU

216 Main St. | Tel. 872 08 60 | www.paarlonline.com

■ ZIEL IN DER UMGEBUNG ■

DIEMERSFONTEIN [130 B5]

Die Weinfarm im benachbarten Wellington, etwa 15 km von Paarl, bietet Reittouren an, bei denen man von Farm zu Farm oder, wenn man möchte, von Weinprobe zu Weinprobe reitet. *An der R 301 zwischen Wellington und Paarl | 180 Rand/Std. | Reservierung unter 864 50 50*

STELLEN-BOSCH

 KARTE IN DER HINTEREN UMSCHLAGKLAPPE

[130 B5] Das Herz der Wine Lands: Um den wunderschönen, historischen Stadtkern verlaufen Alleen, die von 300 Jahre alten Eichen gesäumt sind. Daher hat Stellenbosch (80 000 Ew.) seinen Afrikaans-Spitznamen: Eikestad. Über 100 Gebäude der kaphollländischen Architektur aus dem 18. und 19. Jh. stehen unter Denkmalschutz. Benannt ist das Städtchen nach Simon van der Stel, der Stellenbosch 1679 als Siedlung am Eerste-Fluss gründete.

■ SEHENSWERTES ■

DIE BRAAK

Der Stadtplatz im Zentrum war früher der Paradeplatz. Um ihn herum liegen viele historische Gebäude der

VOC. Unternehmen Sie von hier aus einen Spaziergang durch die angrenzenden Sträßchen Church, Dorp und Ryneveld Street mit ihren Galerien, Cafés und kleinen Boutiquen. Hier liegt u. a. auch die *Old Lutheran Church* aus dem Jahr 1851: Die im neogotischen Stil erbaute Kirche beherbergt heute die Kunstgalerie der Universität.

JONKERSHOEK NATURE RESERVE

Wunderschöne Wanderstrecken in einem abgeschiedenen Tal am Ortsrand, in dem sich Wasserfälle und Bergseen verstecken. *Ganzjährig tgl. 8–18 Uhr | Eintritt 20 Rand | Jonkershoek Valley*

VILLAGE MUSEUM

Stellenbosch historisch: In den vier originalgetreu restaurierten Häusern ist der Wohnstil aus verschiedenen Epochen der Stadtgeschichte nachgestellt. Mit dem 1709 errichteten *Schreuderhuis* steht hier das älteste

Ausflug in die Vergangenheit: Village Museum in Stellenbosch

Stadthaus Südafrikas. *Mo–Sa 9–17, So 10–16 Uhr | 18 Ryneveld St. | Tel. 887 29 48*

■ WEINGÜTER ■

SPIER

Die Vergnügungsfarm unter den Weingütern und deshalb vor allem für Familien geeignet: Kinder können auf Ponys über die Farm reiten, die Eltern machen es sich bei einem Picknick gemütlich. Auf der Bühne des Amphitheaters finden Konzerte und Theatervorführungen statt. Das Restaurant *Moyo* ist für sein phantastisches afrikanisches Büfett berühmt *(Reservierung: Tel. 809 11 33 | €€€).* Für Urlauber ohne Auto: Es gibt eine direkte Zuganbindung aus Kapstadt. *Tgl. 9–17 Uhr | an der R 310 | Tel. 809 11 00 | www.spier.co.za*

UITKYK

Für ein romantisches Picknick gibt es kaum einen schöneren Ort als diesen: Mit freiem Blick auf die Wälder und Wiesen des Gutes sitzt man vor dem Herrenhaus, in dem gelegentlich der Hausgeist auf dem Klavier klimpert. Von ihm erzählen die Angestellten jedenfalls gern, während sie den Picknickkorb packen. *Mo–Fr 9–17, Sa/So 10–16 Uhr (Reservierung am Tag vorher) | an der R 44 | Tel. 884 44 16*

■ ESSEN & TRINKEN ■

96 WINERY ROAD

Das Restaurant liegt etwas außerhalb auf der Zandberg-Farm. In bezaubernder Umgebung werden Delikatessen wie das Karoo-Lamm serviert. Und die Kellner beraten Sie gern, welcher Wein dazu am besten passt. *Tgl. 12–15 und Mo–Sa ab 19 Uhr | Zandberg-Farm | Winery Road | an der R 44 | Tel. 842 20 20 | €€*

TOKARA ☼

Hier hat das Auge erst Zeit mitzuessen, wenn es sich an der unfassbaren Aussicht auf die Wine Lands sattgesehen hat. Das Restaurant ist etwas für Freunde exotischer Delikatessen: Auf der Speisekarte stehen z.B. Muscheln mit Apfel und Banane. *Di–Sa 12–15 und ab 19 Uhr | Helshoogte Pass | Tel. 808 59 59 | €€€*

■ ÜBERNACHTEN ■

LANZERAC MANOR

Auf dem 300 Jahre alten Weingut im bezaubernden Jonkershoek-Tal wohnt man im kaphölländischen Stil. 48 Zi. | *Lanzerac Road* | *Tel. 887 11 32* | *Fax 887 23 10* | *www.lanzerac.co.za* | €€€

■ AUSKUNFT ■

STELLENBOSCH TOURISM BUREAU

36 Market St. | *Tel. 883 35 84* | *www.stellenboschtourism.co.za*

■ ZIEL IN DER UMGEBUNG ■

VERGELEGEN ⭐   [130 B6]

Wann immer hohe Staatsgäste in Kapstadt zu Gast sind und ein Weingut besuchen wollen: Sie kommen hierher. Das Anwesen liegt vor den Toren von Somerset West, ca. 15 km von Stellenbosch, und ist zum einen berauschend schön, mit einem idyllischen Rosengarten nach englischem Vorbild, mächtigen Bäumen und weiten Wiesenflächen, und zum anderen hochinteressant: Es gibt z.B. eine Bibliothek, deren 4500 Bände zum Teil noch aus dem 17. Jh. stammen.

Ponyreiten auf dem Weingut Spier

Ein besonderes Vergnügen: ein Nachmittag in *Lady Phillips Teegarten* . **Insider Tipp** Man sitzt inmitten blühender Rosen mit einer Tasse Tee und frisch gebackenem Kuchen *(Reservierung unter Tel. 847 13 46). Tgl. 9.30–16 Uhr* | *Lourensford Road* | *Somerset West* | *Tel. 847 13 34* | *www.vergelegen.co.za*

＞ ARREST IN PAARL
Nelson Mandelas letzte Jahre im Gefängnis

Die letzten Jahre seiner Haftzeit verbrachte Nelson Mandela nicht auf Robben Island, sondern in einem Haus auf dem Gelände des Groot-Drakenstein-Gefängnisses in Paarl. Das Gefängnis an der R301 zwischen Paarl und Franschhoek hatte damals allerdings einen anderen Namen: Victor-Verster-Gefängnis. Die Apartheidsregierung wollte mit Mandelas Verlegung in das komfortable Anwesen ein Zeichen des guten Willens setzen. Mandela fand an der Architektur des Hauses, aus dem er am 11. Februar 1990 entlassen wurde, so großen Gefallen, dass er es in seiner Heimatstadt Qunu nachbauen ließ. Weil das Gefängnis um das Haus noch immer in Betrieb ist, gibt es keine Möglichkeit, die letzte Station Mandelas auf dem Weg in die Freiheit zu besichtigen.

EIN TAG IN KAPSTADT

Action pur und einmalige Erlebnisse.
Gehen Sie auf Tour mit unserem Szene-Scout

PANCAKE-MANIA

9:00

Bei köstlichen holländischen Pfannkuchen mit ausgefallenen Füllungen wird man ganz schnell wach. Die besten gibt's bei *Harrie's Pancakes.* Tisch draußen im Schatten der Sonnenschirme ergattern und süßen oder pikanten Pfannkuchen – z.B. mit geröstetem Butternut-Kürbis oder Karamell-Bananen – und einen Frucht-Milkshake bestellen. Mmh! Dann kann der Tag beginnen.

WO? *Shop 2, Clock Tower, V&A Waterfront | Tel. 421 08 87 | www.waterfront.co.za*

10:30

FREEDOM RUN

Rein in die Laufschuhe und losjoggen. Beim Freedom Run von *My City Running Tours* erkunden Sportliche die Stadt im Lauf-schritt. Auf der fünf bis zehn Kilometer langen Strecke verschafft man sich

bereits einen ersten Überblick über die wichtigsten Sights. **WO?** *| Anmeldung und Treffpunkt unter Tel. 200 19 90 | Kosten: 299 Rand | www.mycityrunningtours.com*

WHITE LUNCH

12:30

Hunger? Im stylishen *Manna Epicure* trifft man sich zum Lunch. Das In-Café präsentiert sich ganz in Weiß, sogar die Bedienung folgt dem Dresscode. Cool: Die Karte ist in vier Kategorien unterteilt: süß, sauer, pikant und bitter. Kleine Entschei-dungshilfe beim Bestellen: frisch gebackenes Kokosnussbrot oder den legendären Chicken Caesar Salad! **WO?** *151 Kloof St. | Tel. 426 24 13*

14:00

GEPARDEN GUCKEN

Rund 25 km von Kapstadt wird's wild: Es geht zur *Cheetah Outreach Facility* – eine Begegnung mit den Geparden der Einrichtung steht auf dem Programm! Beim *Personal Cheetah Encounter* kommt man ganz nah ran. Die eleganten Raubkatzen sind einfach faszinierend schön. Kamera

nicht vergessen! **WO?** *Spier Wine Estate bei Stellenbosch, R 310 Lynedoch Rd. | Anmeldung unter Tel. 08 27 68 89 67 | Kosten: 3000 Rand | www.cheetah.co.za*

24h

ABSEILING

18:00

Sichern, Luft anhalten und los geht's! Die Aussicht vom Tafelberg über die Stadt ist phantastisch und der Adrenalinschub beim Abseilen nicht weniger bewegend. Aus einer Höhe von 1000 m geht es in die Tiefe, 112 m weit, direkt an den scharfen Kanten der Felswand entlang. Da ist Nervenkitzel garantiert! **WO?** *Cape Xtreme | Anmeldung unter Tel. 422 41 98 | Kosten: 695 Rand | www.cape-xtreme.com*

19:00

JAZZ-TOUR

Wieder festen Boden unter den Füßen? Jetzt ist Rhythmus gefragt. Bei der *Cape Town Jazz Safari* geht's in die Wohnzimmer stadtbekannter Jazzmusiker wie Robbie Jansen, Mac McKenzie oder Hilton Schilder. Beim Plausch den Musikern Insiderwissen entlocken und nach einem köstlichen Dinner bei der

gemeinsamen Jamsession aufdrehen! What a night! **WO?** *Andulela, Treffpunkt: Distrix Café | Anmeldung unter Tel. 790 25 92 | Kosten: 650 Rand | www.andulela.com*

SÜNDIGE DRINKS

23:30

Der Mond strahlt am Himmel, jetzt wird's richtig romantisch: Von der Terrasse der *Alba Lounge* heißt es, den traumhaften Blick über die Waterfront genießen. Einen Chocolate-Chili-Martini oder Blueberry-Vanilla-Daiquiri bestellen, leise vor sich hin träumen und den Abend stilvoll ausklingen lassen. Schöner kann ein Tag nicht enden. **WO?** *Pierhead, V&A Waterfront | Tel. 425 33 85 | www.albalounge.co.za*

> IMMER AM MEER ENTLANG

Am Kap der Guten Hoffnung, bei den Fischern der False Bay, an den Stränden von Bloubergstrand: Der Atlantik ist stets an Ihrer Seite

Die Touren sind im hinteren Umschlag und im Reiseatlas grün markiert

1 FALSE BAY

Der Ausflug führt durch die charmanten Küstendörfer der False Bay zur Pinguinkolonie am südlichsten Punkt der Route. Entfernung: ca. 40 km.

Verlassen Sie Kapstadt auf der M 3, die durch das schöne Constantia-Tal in Richtung Muizenberg führt. Am Ende der Strecke erwartet Sie ein traumhafter Blick in die False Bay. Für viele der ersten Seefahrer am Kap dagegen war die Ankunft hier eine herbe Enttäuschung: Auf dem Weg nach Kapstadt hatten sie sich kurz vor dem Ziel verfahren. Daher hat die Bucht ihren Namen: „falsche Bucht".

Muizenberg ist hauptsächlich wegen seines Strands ein beliebtes Ausflugsziel, denn hier ist das Wasser etwas wärmer als auf der anderen Seite der Halbinsel. Die Strandpromenade wird

Bild: Pinguinkolonie The Boulders

AUSFLÜGE & TOUREN

langsam aus ihrem Dornröschenschlaf geküsst. Jahrelang waren die Gebäude hier dem Verfall überlassen und versprühten den maroden Charme einer Geisterstadt. Das Strandpublikum in Muizenberg ist bunt gemischt: Im Gegensatz zu den schicken Stränden von Camps Bay und Clifton kommen hier Menschen aller Hautfarben und sozialer Schichten zum Schwimmen her – und viele auch, um surfen zu lernen. Die meist zahmen Wellen sind perfekt, um die ersten Stehversuche auf dem Brett zu machen. Wer hier das Surfen nicht lernt, lernt es nie. *Gary's Surf School (34 Beach Rd. | Tel. 788 98 39)* verleiht Boards und Wetsuits und gibt Anfängerunterricht. Weniger harmlos als die Wellen sind die jährlich über 100 Haie, die hier aufkreuzen. Mittlerweile gibt es *Sharkspotter,* die von den Bergen und dem Strand aus nach ihnen Ausschau halten.

An der Küste entlang führt der Weg weiter in Richtung Kalk Bay. Beim Durchfahren von **St James** werden Ihnen bunt bemalte Hütten am Strand auffallen: Sie waren zu Zeiten der Apartheid Umkleidekabinen, die nur Weiße benutzen durften. Heute sind sie allen gleichermaßen zugänglich und eine Art Wahrzeichen der False Bay.

Kalk Bay, der nächste Ort der Tour, wurde Ende des 17. Jhs. als günstige Anlegestelle entdeckt, weil es hier einen natürlichen Hafen gab. So konnten die ersten Siedler bequem zum Fischen aufs Meer hinausfahren. Den Namen verdankt der Ort der Tradition, aus verbrannten Muscheln Kalk zu gewinnen. Die Briten, die im frühen 19. Jh. hierher kamen, nutzten den Ort als Stützpunkt für den Walfang. Später wurde Kalk Bay vor allem als Sommerresidenz für Besserverdienende beliebt. Weil ab den 1920er-Jahren die Wirtschaft jahrzehntelang am Boden lag, wurde in dieser Zeit kaum gebaut, weshalb die schönen alten Wohn- und Geschäftsgebäude nicht von Neubauten verdrängt wurden. Entlang der Main Road finden sich Antiquitäten- und Porzellanläden sowie Cafés. Im *Olympia Café and Deli* (tgl. | 134 *Main Rd.)* können Sie ausgezeichnet frühstücken. Brechen Sie danach zum Bummel durch die Galerien, Antiquariate und Boutiquen der Nachbarschaft auf.

Unbedingt besuchen sollten Sie den Hafen. Mittags kommen die Fischer vom Meer zurück und preisen laut den Fang an. Direkt am Wasser liegen das *Harbour House (tgl. 12–16 und 18–22 Uhr | Tel. 788 41 33 | €€)*, ein nettes Fischrestaurant, und *The Polana,* eine charmante Bar, in der portugiesische Küche serviert wird *(So–Do 16.30–1, Fr/Sa 16.30–3 Uhr, im Sommer auch mittags geöffnet | Tel. 788 71 62)*. Etwas ganz Besonderes können Sie ein paar Kilometer hinter Kalk Bay erleben: Jenni

Das viktorianische Simon's Town liegt an der Ostküste der Halbinsel

AUSFLÜGE & TOUREN

Trethowan führt von Glencairn aus Besucher zu den wilden Pavianherden, die auf der Halbinsel leben. Auf den zweistündigen Wanderungen findet man sich irgendwann umringt von Affen wieder *(R250 | Tel. 782 20 15)*.

Fahren Sie weiter Richtung Süden zur Pinguinkolonie in The Boulders. Sie kommen dabei durch Simon's Town, den Marinestützpunkt am Kap. Die Hauptstraße säumen viktorianische Stadthäuser; das touristische Zentrum des Ortes ist die Quayside, eine Art Mini-Waterfront. Hinter Simon's Town folgt der Abzweig zur Pinguinkolonie *The Boulders*. Aus zwei Pärchen, die 1982 hier angesiedelt wurden, sind mittlerweile ca. 3000 Pinguine geworden. Die Tiere lassen sich von den Besuchern nicht aus der Ruhe bringen. Man kann hier sogar mit Pinguinen schwimmen *(Dez. bis Jan. tgl. 7–19.30, Feb.–März tgl. 8 bis 18, April–Nov. tgl. 8–17 Uhr | 25 Rand | Tel. 786 23 29)*.

2 KAP DER GUTEN HOFFNUNG

Der Ausflug führt am frühen Morgen zum gut 60 km entfernten ★ Kap der Guten Hoffnung. Die Rückfahrt wird von mehreren Stopps unterbrochen: Planen Sie einen Ausritt am schönen Strand von Noordhoek und eine Fahrt über Chapman's Peak Drive ein. Am Abend genießen Sie fangfrischen Fisch im Hafen von Hout Bay.

Brechen Sie am frühen Morgen auf, dann haben Sie die ruhigen Stunden am Kap für sich. Fahren Sie über die M3 Richtung Muizenberg und folgen Sie der Wegbeschreibung zum „Cape Point". Für den Besuch sollten Sie sich den ganzen Vormittag

Zeit nehmen: Das Kap ist zu Recht eines der beliebtesten Touristenziele der Region *(Nov.–Jan. tgl. 6–20, Feb. bis April, Aug.–Okt. 7–19, Mai bis Juli 8–18 Uhr | 55 Rand | www.tmnp.co.za)*.

Auf der 7750 ha großen Fläche des Parks leben wilde Zebras, Paviane, Antilopen, Strauße und andere Wildtiere. Die meisten Tierarten bekommt man tatsächlich auch zu Gesicht, sei es vom Auto aus, oder wenn man eine der vielen Wanderstrecken auf dem riesigen Gelände abläuft. Die meisten Besucher legen nur einen Halt an den beiden Leuchttürmen am Cape Point (am äußersten Punkt des Nationalparks) und einen Fotostopp am berühmten „Cape of Good Hope"-Schild ein, das weiter westlich steht. Daher kann man den Touristenströmen leicht entgehen.

Um sich auf dem Gelände zu orientieren, stoppen Sie am besten zunächst im Buffelsfontein Visitor Centre *(ausgeschildert, auf halber Strecke zwischen Einlass und Cape Point | Tel. 780 92 04)*. Dort gibt es Karten und Infos zu den unterschiedlichen Wanderrouten, die zwischen 40 Minuten und zwei Tagen dauern, und zu den Strecken an die Sandstrände.

Seien Sie jedoch vor den Pavianen auf der Hut, von denen es hier fünf Herden gibt. Wenn die Affen in der Nähe sind, packen Sie Ihr Essen lieber gar nicht erst aus, sonst ist die Gefahr groß, dass Ihnen das Brot aus der Hand gerissen wird. Absichtliches Füttern ist verboten und wird mit Geldbußen bestraft.

Fahren Sie anschließend vom Kap der Guten Hoffnung entlang der wunderschönen Westküste der Halbinsel durch Scarborough und Kommetjie in Richtung Noordhoek. Hier können Sie <mark>den Strand auf dem Pferderücken erkunden</mark>. Der kilometerlange, herrliche Strand ist zum Baden vor allem unter der Woche leider nicht zu empfehlen, weil es hier sehr einsam ist und gelegentlich zu Überfällen kommt. Fest im Sattel sitzend muss man sich dagegen keine Sorgen machen *(Imhoff Farm | Ausritte ca. 2 Std., ab 300 Rand | tgl. 9, 12 und 16 Uhr (auch für Anfänger) | an der M65, ca.5 km von der M64 | Tel. 783 11 68 | Tel. 082/774 11 91).*

Ein besonders malerischer Streckenabschnitt, der Noordhoek mit Hout Bay auf dem kürzesten und schönsten Weg verbindet, ist der ☆ **Chapman's Peak Drive**. Die 10 km lange Küstenstrecke wurde ab 1915 in jahrelanger Arbeit in den Berg gesprengt – gut 150 m über dem Meeresspiegel. Die Ausblicke von hier aus auf den Strand von Noordhoek, Hout Bay und das offene Meer sind unglaublich schön *(26 Rand/PKW)*. Allerdings ist der Chapman's Peak Drive immer wieder für Reparaturarbeiten oder wegen schlechten Wetters gesperrt. Alternativ führt die Strecke über die M64 durch das Silvermine Nature Reserve, M3 und M63 nach Hout Bay.

T'Houtbaaitjen bedeutet Holzbucht und ist der Name, den Jan van Riebeeck dem heutigen **Hout Bay** 1652 gab. Hier endet die Küstenstraße. Den industriellen Aufstieg hat Hout Bay allerdings nicht dem Holz, sondern dem Fischfang und dem Export von Fischkonserven zu verdanken. Fahren Sie mit einem der Boote, von denen aus Sie die Robben auf **Duiker Island**

beobachten können, vom Hafen aus in den Sonnenuntergang *(z.B. Circe Launches | Tel. 790 10 40 | www.circelaunches.co.za | oder Nauticat Charters | Tel. 790 72 78 | www.nauticatcharters.co.za | ca. 38 Rand).*

Das bekannteste Restaurant am Hafen ist *Mariner's Wharf.* Hier servieren Kellner in Matrosenkostümen Fischgerichte zu Touristenpreisen *(tgl. 9–22.30 Uhr | Harbour Road | Tel. 790 11 00 | €€).* Wer es authentischer mag, fährt zum Ende der Harbour Road und bestellt im etwas versteckten *Fish on The Rocks* Fish & Chips oder Garnelen *(tgl. 10.30–20.30 Uhr | Harbour Road | Tel. 790 00 01 | €).*

Folgen Sie nach dem Essen der Beschilderung in Richtung Kapstadt, die Straße führt Sie nach Camps Bay. Dort können Sie den Abend mit einem Cocktail an der Strandpromenade beschließen.

3 BLOUBERGSTRAND

🚗 **Von der Innenstadt nur 30 km entfernt liegen die Strände von Bloubergstrand, das seinen Namen dem großartigen Blick auf den abends im bläulichen Dunst verschwimmenden Tafelberg verdankt. Packen Sie Badesachen für einen Strandtag ein, und genießen Sie später einen der spektakulärsten Sonnenuntergänge am Kap.**

Starten Sie die Tour nach einem guten Frühstück am Vormittag, dann bleibt Ihnen vor dem Sonnenuntergang noch Zeit für einen zauberhaften Strandtag. Die Strecke führt vom Zentrum aus auf die N 1, fahren Sie dann ab auf die R 27 Richtung Milnerton. Sind Sie am Wochenende unterwegs, kommen Sie bald hinter

Am Hotel The Blue Peter in Bloubergstrand wird der Sonnenuntergang zum Event

dem Stadtzentrum auf der linken Seite an einem charmanten Flohmarkt vorbei *(S. 65)*.

Wenn Sie später entlang der Strecke hinter den Dünen Drachen entdecken, lohnt sich ein Zwischenstopp am Strand. Zum Entspannen und Baden ist es dann in der Regel zwar zu windig, das Beobachten der Kitesurfer, die an ihren Drachenschirmen hängend vor der Kulisse des Tafelbergs auf dem Atlantik hin und her rasen, wird Sie jedoch entschädigen.

Folgen Sie der Straße weiter Richtung Bloubergstrand. Den schönsten Badestrand finden Sie in der ☀ **Big Bay**: Folgen Sie der Straße durch den Ort, und biegen Sie anschließend im Kreisverkehr links ab (Big Bay ist ausgeschildert). Hier ist es meistens windstill. Schon bei Tageslicht ist der Anblick des Tafelbergmassivs von hier aus überwältigend. Wenn die Sonne dann noch langsam in den Ozean abtaucht, wird daraus ein so schönes Schauspiel, dass Sie es mit einem Glas Wein in der Hand feiern

sollten. Der beste Platz dafür ist die Wiese vor dem Hotel The Blue Peter *(tgl. 12–22 Uhr | Popham Road | Tel. 554 19 56)*. Die Atmosphäre gleicht vor allem am Wochenende der eines gemütlichen Après-Ski-Abends bei 20 Grad: Kapstädter stoßen mit Urlaubern auf einen traumhaften Tag am Strand an – in der einen Hand ein Stück warme, duftende Pizza, in der anderen ein Glas Wein – und lassen sich vom großartigen Anblick ihrer Stadt berauschen, die umso schöner strahlt, je dunkler es wird.

Alternativ zur Pizza des *Blue Peter* gibt es einen Steinwurf weiter exklusive Küche zu relativ günstigen Preisen. Im *On the Rocks (Mo–Fr 12–22, Sa/So 9–22 Uhr | 45 Stadler Rd. | Tel. 554 19 88 | €€)* sind vor allem die exzellenten Fischgerichte zu empfehlen. Reservieren Sie einen Tisch an der riesigen Fensterfront am Wasser mit Blick auf die Stadt. Bei einem Brandy nach dem Essen können Sie den Tag hier entspannt ausklingen lassen.

> VON ANREISE BIS ZOLL

Urlaub von Anfang bis Ende: die wichtigsten Adressen und Informationen für Ihre Kapstadt-Reise

■ ANREISE ■■■■■■■■■■■■■■

Die meisten der großen Fluglinien wie LTU, Lufthansa und British Airways fliegen Kapstadt an. Die LTU beispielsweise fliegt direkt, die Flugzeit beträgt etwa 10,5 Stunden. Am günstigsten sind die Flüge im südafrikanischen Herbst zwischen April und Juni. In der Hochsaison zwischen Dezember und März steigen die Kosten leicht auf um die 1000 Euro. Flugzeuge landen auf dem Flughafen Lughawe, etwa 23 km vom Stadtzentrum. Um die Kapazität des Flughafens (speziell auch zur Fußball-WM) zu erhöhen, ist Ende 2009 der *Terminal 2010* eröffnet worden. Alle Mietwagenfirmen haben am Flughafen eine Niederlassung. Buchen Sie Ihren Leihwagen deshalb am besten so, dass er schon hier für Sie bereitsteht. Es fahren aber auch Shuttlebusse *(z. B. City Hopper | Tel. 386 00 77 | ab ca. 160 Rand)*. Fluginformationen: *Tel. 086/727 78 88 | www.airports. co.za*

■ AUSKUNFT VOR DER REISE

SOUTH AFRICAN TOURISM

– Friedensstr. 6–10 | 60311 Frankfurt | Tel. 0800/118 91 18 (kostenfrei) | Fax 069/28 09 50 | www.southafricantourism.de

– Servicetel. in Österreich: 0820/50 07 39 | in der Schweiz: 0848/66 35 22

PRAKTISCHE HINWEISE

■ AUSKUNFT VOR ORT

Vor Ort leisten die Tourismusinformationen sehr gute Hilfestellung bei der Buchung von Ausflügen, Sportangeboten, Reisen und Abendveranstaltungen:

– *City Centre | Mo–Fr 8–18, Sa 8.30–14 und So 9–13 Uhr | Ecke Burg/Castle Street | Central* [127 D4] *| Tel. 487 68 00*
– *V & A Waterfront | Clock Tower* [127 D–E1] *| tgl. 9–21 Uhr | Tel. 405 45 00*
– *Deutsche Touristeninformation | Mo–Fr 9–18, Sa 9–13 Uhr | 35 Buitengracht St. | Central* [127 D4] *| Tel. 487 68 00*

■ AUTO

PARKEN

In der Innenstadt sind tagsüber offizielle Park-Marshalls in blauer Uniform unterwegs. Bei Ihnen bezahlen Sie im Voraus, eine Stunde kostet 7 Rand. Sollten Sie später zu Ihrem Wagen zurückkehren, zahlen Sie einfach nach. Ihr Wagen wird weder abgeschleppt, noch bekommen Sie einen Strafzettel. Abends und außerhalb der Innenstadt wird meistens jemand auf Sie zukommen und Ihnen ein Zeichen geben, dass er auf Ihr Auto aufpassen wird. Die meisten so genannten *Park Guards,* die keine Uniform, aber in der Regel eine neongelbe Weste tragen, arbeiten in eigenem Auftrag und haben keine Befugnis, Ihnen Geld abzuverlangen.

Allerdings sind durch sie die Straßen tatsächlich sicherer geworden. Daher wird ihre Arbeit von vielen honoriert: 2–3 Rand sind üblich.

VERKEHR

In Südafrika wird links gefahren. Es gelten folgende Tempolimits: 120

▶ WAS KOSTET WIE VIEL?

▶ SEILBAHN	12 EURO	auf den Tafelberg hin und zurück
▶ KAFFEE	1 EURO	für eine Tasse im Café
▶ WEIN	2 EURO	für ein Glas Wein
▶ BILTONG	3,20 EURO	für eine Tüte auf die Hand
▶ BOEREWORS	1 EURO	für eine Wurst
▶ HOLZGIRAFFE	30–75 EURO	je nach Größe

km/h auf Autobahnen, 80 km/h auf Landstraßen, 60 km/h in der Stadt. Auf den Stadtautobahnen in und um Kapstadt sollten Sie vorsichtig fahren, denn an den Grundsatz, nur rechts zu überholen, hält sich kaum jemand. Außerdem müssen Sie sich die Fahrbahn häufig mit Radfahrern und Fußgängern teilen. Benzin kann man an den meisten Tankstellen nur mit Bargeld bezahlen.

Notruf: Polizei *Tel. 101 11*, Krankenwagen *Tel. 101 17*

DIPLOMATISCHE VERTRETUNGEN

DEUTSCHES GENERALKONSULAT
Mo–Fr 9–12 Uhr | Safmarine House | 22 Riebeeck St. | Tel. 405 30 43

ÖSTERREICHISCHES GENERALKONSULAT
Mo, Mi, Fr 9–12 Uhr | Standard Bank Center | Herzog Boulevard | Tel. 421 14 40

SCHWEIZER GENERALKONSULAT
Mo–Fr 9–12 Uhr | BP Center | Long St. | Tel. 418 36 65

GELD & BANKEN

Am sichersten ist es, Bargeld mit EC-Karte an Bankautomaten in Shopping-Malls oder an Tankstellen abzuheben. Hier achtet Sicherheits- bzw. Tankstellenpersonal darauf, dass Sie ungestört die ATM *(Automatic Teller Machine)* nutzen können. Lassen Sie sich nicht von Fremden helfen, heben Sie nie Geld an entlegenen Automaten ab. Zahlen Sie so viel wie möglich mit Ihrer Kreditkarte. So gut wie alle Restaurants, Hotels und touristischen Angebote akzeptieren die gängigen Karten. Travellerschecks werden von allen Banken eingelöst. Wenn Sie Ihre Karte verloren haben, helfen die Banken bei der Bestellung der Ersatzkarte. Die Banken in der Innenstadt schließen an Werktagen schon um 15, samstags um 11 Uhr. Notfallnummern bei Verlust Ihrer Kreditkarte: *American Express Tel. 0800/11 09 29; Master Card Tel. 800/99 04 18; Visa Tel. 0800/ 99 04 75*

GESUNDHEIT

Für Kapstadt und Umgebung benötigen Sie keine Schutzimpfung. Malariarisiko besteht nur im Norden Südafrikas. Die medizinische Versorgung ist gut; in der Innenstadt gibt es sowohl Apotheken als auch Ärzte und Krankenhäuser. Im Notfall zu empfehlen: *Mediclinic (21 Hof St. | Oranjezicht | Tel. 464 55 55).* Die Arztrechnung müssen Sie bar begleichen, deshalb empfiehlt sich eine Auslandskrankenversicherung. Das Kapstädter Leitungswasser können Sie bedenkenlos trinken.

INTERNET

Die Seite des Tourismus-Centers *www.cape-town.org* informiert Sie über alle Aspekte Ihrer Reise, auf *www.come2capetown.com* finden Sie die beliebten Siebener-Listen: je sieben Empfehlungen zu aktuellen Themen. Wer sich lieber auf Deutsch einliest: *www.capetown-online.de*, *www.kapstadt.net* und *www.kapstadt. com* führen durch die Stadt. Auf *www.weathersa.co.za* können Sie einen Blick auf das kommende Wetter werfen. Das Gourmet-Magazin „Eat Out" *(www.eatout.co.za)* bietet Restaurantempfehlungen und Bewertungen der Gäste. Auf *www.overtone. co.za* finden Sie einen Überblick über die Pop- und Klassikszene der Stadt.

INTERNETCAFÉS

Die Gebühren in zentral gelegenen Internetcafés wie der Long Street oder der V&A Waterfront sind hoch *(15*

Rand/30 Min.). Günstiger surft man z.B. in Observatory bei *African Access (tgl. 9–24 Uhr | 50 Lower Main Road | Tel. 448 71 10)*. Viele Cafés in der Innenstadt bieten inzwischen WLAN-Zugang an, allerdings in den seltensten Fällen kostenlos.

■ KLIMA & REISEZEIT ■

Die Jahreszeiten sind in Südafrika denen in Europa entgegengesetzt. Die wärmsten Monate am Kap sind mit durchschnittlich 25° C am Tag Dezember bis März. Dank des Atlantiks ist das Klima mediterran und meist sehr angenehm. Beliebteste Reisezeit ist September bis April. Regen fällt am Kap hauptsächlich in den Wintermonaten.

■ MIETFAHRZEUGE ■

Weil ein umfassendes öffentliches Nahverkehrssystem in Kapstadt nicht existiert, ist ein Mietwagen eine dringende Empfehlung. Sie benötigen dafür einen internationalen Führerschein. Das Mindestalter ist 23, viele Autovermietungen bestehen darauf, dass man den Führerschein schon mehr als zwei Jahre besitzt. Die Buchungsnummern der großen Vermieter sind: *Avis (Tel. 0861/11 37 48 www.avis.co.za), Budget (Tel. 011/398 01 23 | www.budget.co.za), Europcar (Tel. 0861/13 10 00 | www.europcar.co.za)* und *Hertz (Tel. 0861/60 01 36 | www.hertz.co.za)*. Preiswerter sind die Tarife, wenn Sie bei

Insider Tipp *Panorama Tours* einen Wagen buchen: Die Agentur kauft Kontingente der großen Vermieter und verkauft sie günstig weiter *(Tel. 021/426 16 34 | www.panoramatours.co.za)*. In Kapstadt selbst gibt es lokale

Vermieter wie *Around about Cars (20 Bloem St. | Tel. 422 40 22 | www.aroundaboutcars.com | ab 250 Rand/Tag)* und Unternehmen, die sich auf Motorroller oder Oldtimer spezialisiert haben: Im **Insider Tipp** *Café Vespa* können Sie eine Latte Macchiato trinken und dann einen Vespa-Roller mitnehmen *(108 Kloof St. | Gardens | Tel. 426 50 42 | www.cafevespa.com | ab 200 Rand/Tag)*. Bei *Motor Classic* steht eine Flotte alter Autos bereit – vom 68er-Jaguar bis zu einem Porsche Carrera Cabrio von 1984 *(1*

WÄHRUNGSRECHNER

€	RAND	RAND	€
1	11,12	10	0,90
2	22,24	20	1,80
3	33,36	30	2,70
5	55,60	50	4,50
7	77,84	70	6,30
10	111,20	90	8,10
25	287,00	250	22,50
75	834,00	750	67,50
100	1112,00	1500	135,00

Waterloo St., auf der Rückseite des Ferrari-Gebäudes, Roeland St. | Vredehoek | Tel. 461 73 68 | www.motorclassic.co.za | ab 690 Rand/Tag).

■ ÖFFNUNGSZEITEN ■

Die Geschäfte in der Innenstadt schließen unter der Woche schon um 17 Uhr, samstags am frühen Nachmittag. Bis 21 Uhr haben die Läden der Shopping Malls geöffnet, z.B. an der V & A Waterfront. Die meisten Supermärkte schließen zwischen 20 und 21 Uhr. Für einen späten Einkauf schaut man am besten bei *Friendly* vorbei (7–23 Uhr). Sonntags sind nur die Läden der Shopping Malls geöffnet und die Supermärkte. Die dürfen dann allerdings keinen Alkohol verkaufen. Vor den Regalen sind die Gitterrollos heruntergezogen.

Öffnungszeiten der Postämter: Mo–Fr 8.30–17 und Sa 8–12 Uhr. Porto nach Europa: Postkarten 4,60, Briefe 5,40 Rand. Teuer ist das Verschicken von Paketen, außerdem brauchen diese oft Wochen. Beim Verschiffen von Weinkisten oder sperriger Handwerkskunst sind Ihnen die Weingüter bzw. der Fachhandel gerne behilflich.

■ PREISE & WÄHRUNG ■■■■■

Die südafrikanische Währung ist der Rand (ZAR); 1 Rand = 100 Cent. Im Umlauf sind Münzen zu 1, 2, 5, 10, 20, 50 Cent und zu 1, 2 und 5 Rand sowie Banknoten zu 10, 20, 50, 100 und 200 Rand. Der Rand steht in einem günstigen Wechselkurs zum Euro; das Preisniveau liegt deshalb unter dem deutschen. Die Währung ist stabil.

■ PRESSE ■■■■■■■■■■■■■■■

Mit der „Cape Times" und dem „Cape Argus" gibt es zwei Tageszeitungen. Über das Leben in der Stadt informiert die freitags erscheinende „Mail & Guardian", in der gute Tipps für Restaurants, Bars und Partys zu finden sind. Ausschau sollten Sie außerdem nach „Cape unplugged" halten, einem monatlichen Gratisheft, mit sehr guten Tipps zur Stadt und seiner Umgebung jenseits des Mainstreams. Das Magazin liegt in Bars, Backpackern und bei Autovermietungen der Stadt aus. In der Gratiszeitung „The next 48 hours", die unter anderem im Visitor's Center der Touristeninformation ausliegt, stehen die besten Ausgeh- und Kulturtips für die nächsten Tage.

WETTER IN KAPSTADT

Jan.	Feb.	März	April	Mai	Juni	Juli	Aug.	Sept.	Okt.	Nov.	Dez.
27	27	26	23	20	18	18	18	19	21	24	25
Tagestemperaturen in °C											
17	17	16	13	11	9	9	9	11	12	14	16
Nachttemperaturen in °C											
11	11	10	8	7	6	6	7	8	9	10	11
Sonnenschein Std./Tag											
3	2	3	6	9	9	10	9	7	5	4	3
Niederschlag Tage/Monat											
18	19	19	18	17	16	15	14	15	16	17	18
Wassertemperaturen in °C											

PRAKTISCHE HINWEISE

STROM

Die Netzspannung beträgt 220 Volt. Um Ihre Geräte verwenden zu können, brauchen Sie allerdings einen Adapter, den Sie entweder an der Hotelrezeption oder im Supermarkt bekommen.

TAXI

Der Begriff „Taxi" wird in Kapstadt vielseitig verwendet. Neben den regulären Taxis, die Sie an Taxiständen finden oder telefonisch rufen können – z.B. *Excite (Tel. 448 44 44)* oder *Unicab (Tel. 448 17 20)* –, gibt es die so genannten *Rikki-Taxis*, die auf ihren Touren durch die zentralen Stadtteile hauptsächlich Touristen einsammeln und ausspucken *(Tel. 086/174 55 47)*. An zentralen Punkten in der Stadt gibt es inzwischen kostenlose Rikki-Telefone, mit denen Sie einen Wagen rufen können. Die voll gestopften Kleinbusse, die vor allem zwischen den Townships und der Stadt pendeln, heißen *Minitaxis (siehe Kapitel „Stichworte")*.

TELEFON & HANDY

Meist haben Sie mit Ihrem deutschen Handy über einen südafrikanischen Roamingpartner Empfang. Sie können jedoch auch eine südafrikanische Prepaidkarte in Ihr Handy einsetzen, die Sie bei Anbietern in der Stadt oder am Flughafen bekommen. Einige deutsche Prepaidhandys müssen für diesen Gebrauch jedoch vorher entsperrt werden. Am Flughafen und bei den meisten Autovermietungen können Sie auch ein Leihgerät bekommen. *Airtime* (neues Guthaben) bekommen Sie in Supermärkten, Shopping Malls oder an Tankstellen.

Vorwahl nach Deutschland: 0949, nach Österreich: 0943, in die Schweiz: 0941; Vorwahl nach Südafrika aus dem Ausland: 0027, Vorwahl von Kapstadt: (0)21

TRINKGELD

10–15 Prozent der Gesamtsumme sind in Restaurants und Bars üblich.

UMSATZSTEUER

Südafrika erhebt 14 Prozent Umsatzsteuer (VAT). Die bekommen Sie zurück, wenn Sie die Belege von dem aufbewahren, was Sie ausführen. Am Flughafen gibt's einen Schalter, an dem Sie ein Formular ausfüllen müssen; das Geld bekommen Sie in Rand ausbezahlt. Am schnellsten geht die Abfertigung, wenn Sie die nötigen Formulare schon vorher im *Visitor Information Centre* im Clock Tower der V&A Waterfront *(Mo–Sa 9 bis 17.30, So 10–17.30 Uhr)* oder im *Cape Town Tourism Visitor Information Centre* im Stadtzentrum ausfüllen und mit zum Flughafen nehmen.

ZEIT

Während der europäischen Sommerzeit herrscht Zeitgleichheit. Im europäischen Winter ist die MEZ eine Stunde zurück.

ZOLL

Sie dürfen 1 l Spirituosen, 400 Zigaretten und Waren im Wert von 200 Rand zollfrei nach Südafrika einführen. Die Ausfuhr von geschützten Pflanzen und Tieren ist verboten. Bei der Rückkehr in die EU sind zollfrei: 200 Zigaretten, 1 l Spirituosen, 2 l Wein und Waren im Gesamtwert von 430 Euro. Info: *www.zoll.de*

> DO YOU SPEAK ENGLISH?

„Sprichst du Englisch?" Dieser Sprachführer hilft Ihnen,
die wichtigsten Wörter und Sätze auf Englisch zu sagen

Aussprache

Zur Erleichterung der Aussprache sind alle englischen Wörter mit einer einfachen
Aussprache (in eckigen Klammern) versehen. Folgende Zeichen sind Sonderzeichen:

ə	nur angedeutetes „e" wie in bitte
θ	[s] gesprochen mit der Zungenspitze zwischen den Zähnen
'	die nachfolgende Silbe wird betont

■ AUF EINEN BLICK ■

Ja/Nein	Yes [jäs]/No [nəu]
Vielleicht	Perhaps [pə'häps]/Maybe ['mäibih]
Bitte/Danke	Please [plihs]/Thank you ['θänkju]
Gern geschehen.	You're welcome. [joh 'wälkəm]
Entschuldigung!	I'm sorry! [aim 'sori]
Wie bitte?	Pardon? ['pahdn]
Ich verstehe Sie/dich nicht.	I don't understand. [ai dəunt andə'ständ]
Können Sie mir bitte helfen?	Can you help me, please? ['kən ju 'hälp mi plihs]
Guten Morgen!	Good morning! [gud 'mohning]
Guten Abend!	Good evening! [gud 'ihwning]
Guten Tag!	Good morning!/afternoon!/evening!
	(je nach Tageszeit)
	[gud 'mohning/ahftə'nuhn/'ihwning]
Hallo! Grüß dich!	Hello! [hə'ləu]/Hi! [hai]
Wie ist Ihr/dein Name?	What's your name? [wots joh 'näim]
Mein Name ist …	My name is … [mai näim is]
Ich komme aus …	I'm from … [aim frəm]
… Deutschland.	… Germany. ['dschöhməni]
… Österreich.	… Austria. ['ohstriə]
… der Schweiz.	… Switzerland. ['switsələnd]
Auf Wiedersehen!	Goodbye! [,gud'bai]/Bye-bye! [,bai'bai]
Tschüss!	See you! [sih ju]/Bye! [bai]
Hilfe!	Help! [hälp]
Rufen Sie bitte …	Please call … ['plihs 'kohl]
… einen Krankenwagen.	… an ambulance. [ən 'ämbjuləns]
… die Polizei.	… the police. [θə pə'lihs]

■ UNTERWEGS ■

Bitte, wo ist …	Excuse me, where's … [iks'kjuhs 'mih 'weəs]
… der Bahnhof?	… the station? [θə 'stäischn]

> *www.marcopolo.de/kapstadt*

SPRACHFÜHRER ENGLISCH

… der Flughafen?	… the airport? [θə ˈeəpoht]
… die Haltestelle?	… the stop? [θə stəp]
… der Taxistand?	… the taxi rank? [θə ˈtäksiränk]
Bus/Fähre/Zug	bus [bas]/ferry [ˈfäri]/train [träin]
Wo kann ich einen Fahrschein kaufen?	Where can I buy a ticket? [ˈweə kən‿ai bai‿ə ˈtikit]
Können Sie mir bitte sagen, wie ich nach … komme?	Could you tell me how to get to …, please? [ˈkud‿ju ˈtäl me hau tə gät tə … plihs]
Gehen Sie geradeaus.	Go straight on. [gəu sträit ˈon]
Gehen Sie nach links/rechts.	Turn left/right. [töhn ˈläft/ˈrait]
Erste/Zweite Straße links/rechts.	The first/second street on the left/right. [θə ˈföhst/ˈsäknd striht on θə ˈläft/ˈrait]
nah/weit	near [niə]/far [fah]
Überqueren Sie …	Cross … [ˈkros]
… die Brücke.	… the bridge. [θə ˈbridsch]
… den Platz.	… the square. [θə ˈskweə]
… die Straße.	… the street. [θə ˈstriht]
Ich möchte … mieten.	I'd like to hire … [aidˈ laik tə ˈhaiə]
… ein Auto …	… a car. [ə ˈkah]
… ein Fahrrad …	… a bike. [ə ˈbaik]
… ein Boot …	… a boat. [ə ˈbəut]
offen/geschlossen	open [ˈəupn]/closed [kləusd]
drücken/ziehen	push [pusch]/pull [pull]
Eingang/Ausgang	entrance [ˈäntrəns]/exit [ˈägsit]
Wo sind bitte die Toiletten?	Where are the restrooms, please? [ˈweərə θə ˈrestrums plihs]
Damen/Herren	Ladies [ˈläidies]/Gentlemen [ˈdschäntlmən]

■ SEHENSWERTES

Wann ist das Museum geöffnet?	When's the museum open? [ˈwäns θə mjuˈsiəm ˈəupn]
Wann beginnt die Führung?	When does the tour start? [ˈwän das θə ˈtuə ˈstaht]
Altstadt	the old town [θi‿ˈəuld ˈtaun]
Ausstellung	exhibition [ˌäksiˈbischn]
Gottesdienst	service [ˈsöhwis]
Kirche	church [tschöhtsch]
Palast	palace [ˈpälis]
Rathaus	town hall [ˈtaun ˈhohl]
Stadtplan	town map [ˈtaun ˈmäp]
Stadtzentrum	city [ˈsiti]/town centre [ˈtaun ˈsäntə]

■ DATUMS- & ZEITANGABEN ■

Montag	Monday ['mandäi]
Dienstag	Tuesday ['tjuhsdäi]
Mittwoch	Wednesday ['wänsdäi]
Donnerstag	Thursday ['θöhsdäi]
Freitag	Friday ['fraidäi]
Samstag	Saturday ['sätədäi]
Sonntag	Sunday ['sandäi]
heute/morgen	today [tə'däi]/tomorrow [tə'morəu]
täglich	every day ['äwri 'däi]/daily ['däili]
Wie viel Uhr ist es?	What time is it? [wot 'taim_is_it]
Es ist 3 Uhr.	It's three o'clock. [its 'θrih_ə'klok]
Es ist halb 3.	It's half past two. [its 'hahf pahst tuh]
Es ist Viertel vor 3.	It's quarter to three. [its 'kwohtə tə 'θrih]
Es ist Viertel nach 3.	It's quarter past three.
	[its 'kwohtə pahst 'θrih]

■ ESSEN & TRINKEN ■

Die Speisekarte, bitte.	May I have the menu, please.
	['mäi ai häw θə 'mänjuh plihs]
Ich nehme …	I'll have … [ail häw]
Bitte ein Glas …	A glass of …, please [ə 'glahs_əw ... plihs]
Besteck	cutlery ['katləri]
Messer/Gabel/Löffel	knife [naif]/fork ['fohk]/spoon ['spuhn]
Vorspeise	hors d'œuvre [oh'döhwr]/starter ['stahtə]
Hauptgericht	main course ['mäin 'kohs]
Nachspeise	dessert [di'söht]/sweet [swiht]
Salz/Pfeffer	salt [sohlt]/pepper ['päpə]
scharf	hot [hot]
Ich bin Vegetarier/in.	I'm a vegetarian. [aim a ,wädschi'teəriən]
Trinkgeld	tip [tip]
Die Rechnung, bitte.	May I have the bill, please?
	['mäi ai häw θə 'bil plihs]

■ EINKAUFEN ■

Wo finde ich …	Where can I find … ['weə 'kən_ai 'faind]
… eine Apotheke?	… a chemist? [ə 'kämist]
… eine Bäckerei?	… a bakery? [ə bäikəri]
… ein Kaufhaus?	… a department store? [ə di'pahtmənt stoh]
… ein Lebensmittelgeschäft?-	… a food store? [ə 'fuhd stoh]
… einen Markt?	… a market? [ə 'mahkit]
Haben Sie …?	Have you got …? ['həw ju got]
Ich möchte …	I'd like … [aid 'laik]
Ein Stück hiervon, bitte.	A piece of this, please. [ə pihs əw θis plihs]

> www.marcopolo.de/kapstadt

Eine Einkaufstüte, bitte.	A bag, please. [ə bäg plihs]
Das gefällt mir (nicht).	I (don't) like it. [ai (dəunt) laik_it]
Wie viel kostet es?	How much is it? ['hau 'matsch is it]
Nehmen Sie Kreditkarten?	Do you take credit cards?
	[du_ju täik 'kräditkahds]

■ ÜBERNACHTEN

Ich habe bei Ihnen ein Zimmer reserviert.	I've reserved a room. [aiw ri'söhwd_ə 'ruhm]
Haben Sie noch Zimmer frei?	Have you got any vacancies? [həw ju got_,äni 'wäikənsis]
ein Einzelzimmer	a single room [ə 'singl ruhm]
ein Doppelzimmer	a double room [ə 'dabl ruhm]
mit Dusche/Bad	with a shower/bath [wiθ ə 'schauə/'bahθ]
Was kostet das Zimmer?	How much is the room? ['hau 'matsch is θə ruhm]
Frühstück	breakfast ['bräkfəst]
Halbpension/Vollpension	half board ['hahf' bohd]/full board ['ful bohd]

■ PRAKTISCHE INFORMATIONEN

Können Sie mir einen Arzt empfehlen?	Can you recommend a doctor? [kən ju ,räkə'mänd ə 'doktə]
Ich habe hier Schmerzen.	I've got pain here. [aiw got päin 'hiə]
Ich habe Durchfall.	I've got diarrhoea. [aiw got daiə'riə]
Kinderarzt	pediatrician [,pihdiə'trischn]
Zahnarzt	dentist ['däntist]
Eine Briefmarke, bitte.	One stamp, please. [wan stämp 'plihs]
Postkarte	postcard [pəuskahd]
Wo ist bitte …	Where's … , please? ['weəs … plihs]
… die nächste Bank?	… the nearest bank … [θə 'niərist 'bänk]
… der nächste Geldautomat?	… the nearest cashpoint … [θə 'niərist 'käschpoint]

■ ZAHLEN

1	one [wan]	11	eleven [i'läwn]	
2	two [tuh]	12	twelve [twälw]	
3	three [θrih]	20	twenty ['twänti]	
4	four [foh]	50	fifty ['fifti]	
5	five [faiw]	100	a (one) hundred [ə ('wan) 'handrəd]	
6	six [siks]	200	two hundred ['tuh 'handrəd]	
7	seven ['säwn]	500	five hundred ['faiw 'handrəd]	
8	eight [äit]	1000	a (one) thousand [ə ('wan) 'θausənd]	
9	nine [nain]	1/2	a half [ə 'hahf]	
10	ten [tän]	1/4	a (one) quarter [ə ('wan) 'kwohtə]	

Chapman's Peak Drive

> UNTERWEGS IN KAPSTADT

Die Seiteneinteilung für den Reiseatlas finden Sie auf dem hinteren Umschlag dieses Reiseführers

CITY ATLAS

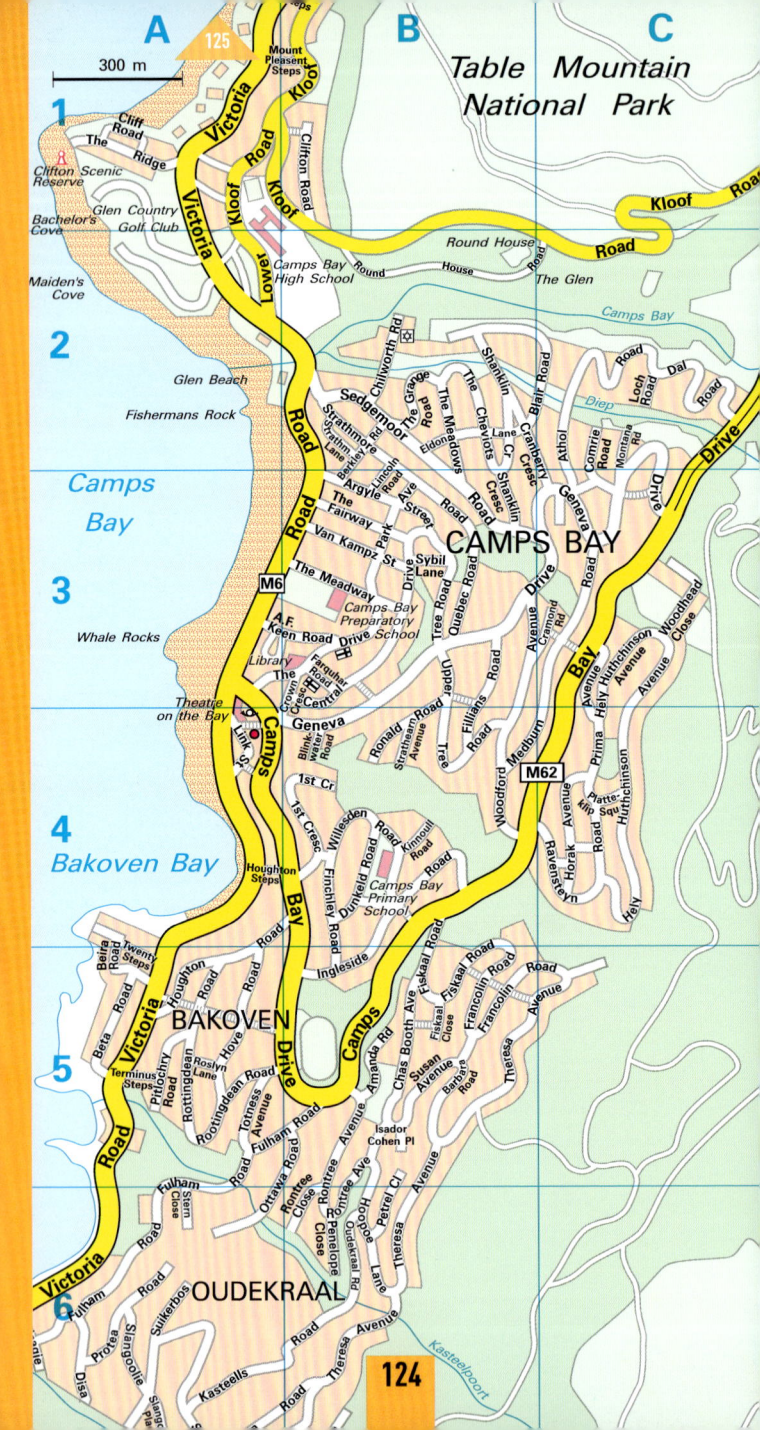

Table Mountain
National Park

300 m

A

1

Cliff Road
The Ridge
Clifton Scenic Reserve
Bachelor's Cove
Glen Country Golf Club
Maiden's Cove

Mount Pleasant Steps

Victoria
Kloof Road
Clifton Road
Kloof Road

Lower Kloof Road

Camps Bay High School
Round House

Round House
The Glen

Kloof Road
Camps Bay

Kloof Road

2

Glen Beach
Fishermans Rock

Camps Bay

Road

Sedgemoor
Strathmore
Strath Lane
Kloof Brackley
Lincoln Road
Argyle
The Fairway
Van Kampz St
Park Drive

Chilworth Rd
The Grange
The Meadows
Eldon
A Street
Sybil Lane

Shanklin
The Cheviots
Lane
Cranberry Cresc
Shanklin Cresc
Quebec Road

Blair Road
Athol
Comrie Road
Geneva

Road
Loch Road
Montana Rd
Dal

Diep

Drive

3

Whale Rocks

M6

The Meadway
A.F. Keen Road
Library
The Crescent
Geneva

Camps Bay Preparatory Drive School
Farquhar Road
Camps Bay Central

CAMPS BAY

Tree Road
Upper Tree Road
Fillans Road
Avenue

Drive

Bay

Prima Avenue
Hely-Hutchinson Avenue
Hutchinson Avenue
Woodhead Close

Drive

4

Bakoven Bay

Theatre on the Bay
Link St.
Camps

Blinket water Road
1st Cr
1st Cresc
Willesden
Duinefeld Road
Finchley Road

Geneva
Ronald Road
Stratham Road
Fir Avenue
Trel Road

Kimboll Road
Camps Bay Primary School

Woodford Medburn
M62
Platte klip Sq
Hutchinson

Horak Road
Ravensteyn
Hely

Houghton Steps

Bay Road

Ingleside

Fiskaal Road
Fiskaal Road
Fiskaal Road
Francolin Road
Francolin
Road
Avenue

Theresa

5

Beira Road
Twenty Steps
Houghton Road
Hove
Road

BAKOVEN

Victoria
Beta Road
Terminus Steps
Pitlochry Road
Rottingdean Road
Roslyn Lane
Rottingdean Road
Totness Avenue
Fulham Road

Ottawa Road
Amanda Rd
Chas Booth Ave
Susan Road
Bantare Road
Isador Cohen Pl

Francolin
Theresa

Road

6

Victoria Road

Fulham
Fulham
Stem Close

OUDEKRAAL

Protea
Slangoolie
Silverbos Road
Kasteells
Slangc Plai
Disa

Ottawa Road
Rontree Avenue
Rontree Close
Penelope Close

Rontree Ave
Hoopoe Lane
Oudekraal Rd
Petrel Ctl
Theresa

Road
Avenue

Kasteelpoort

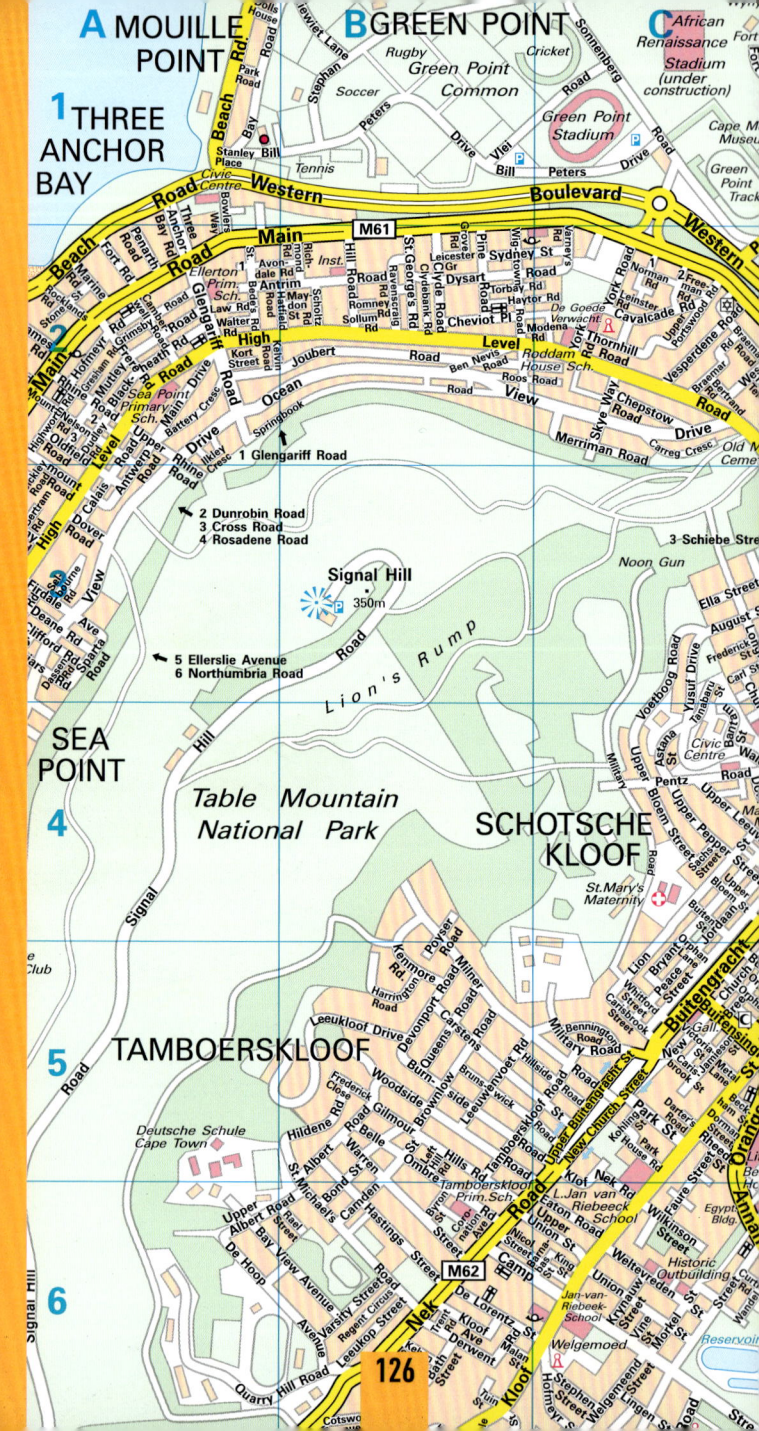

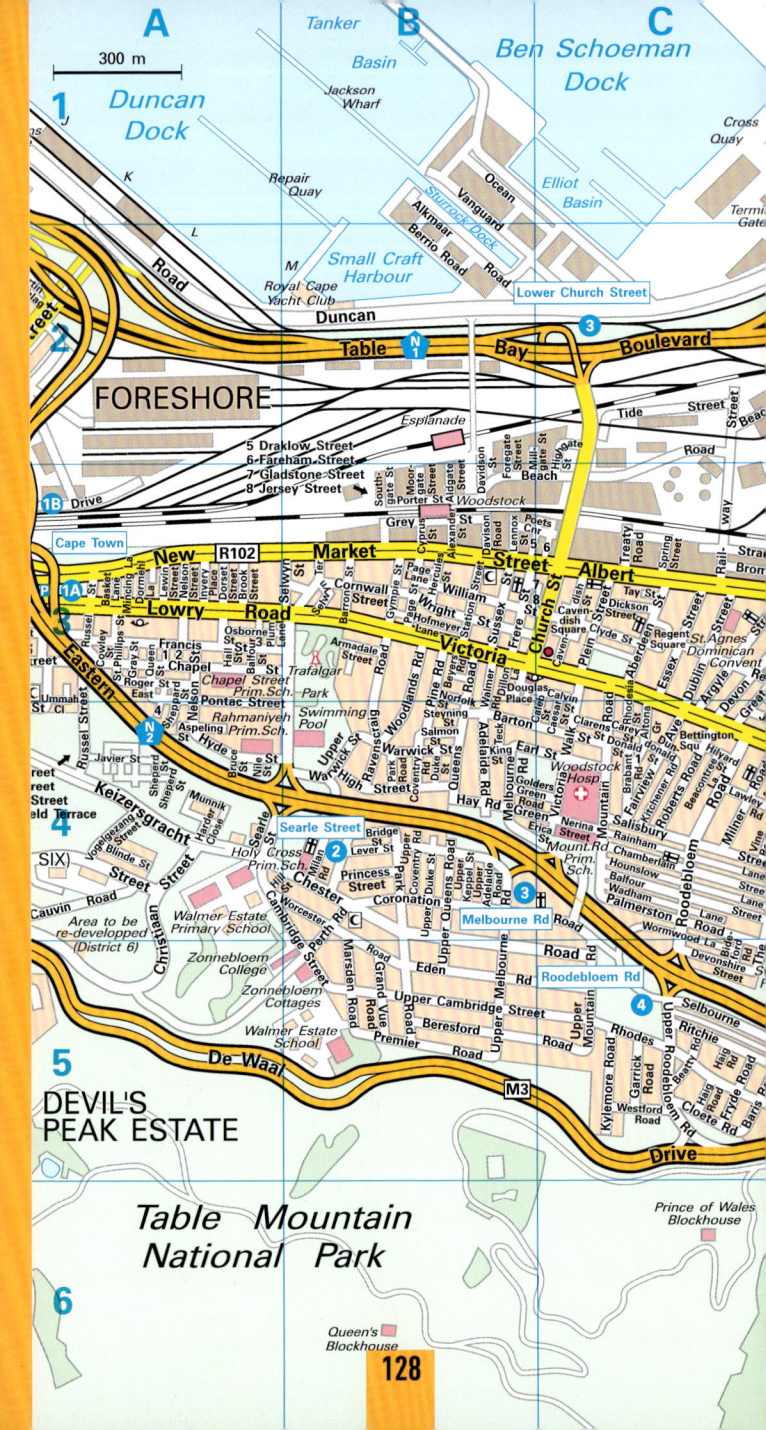

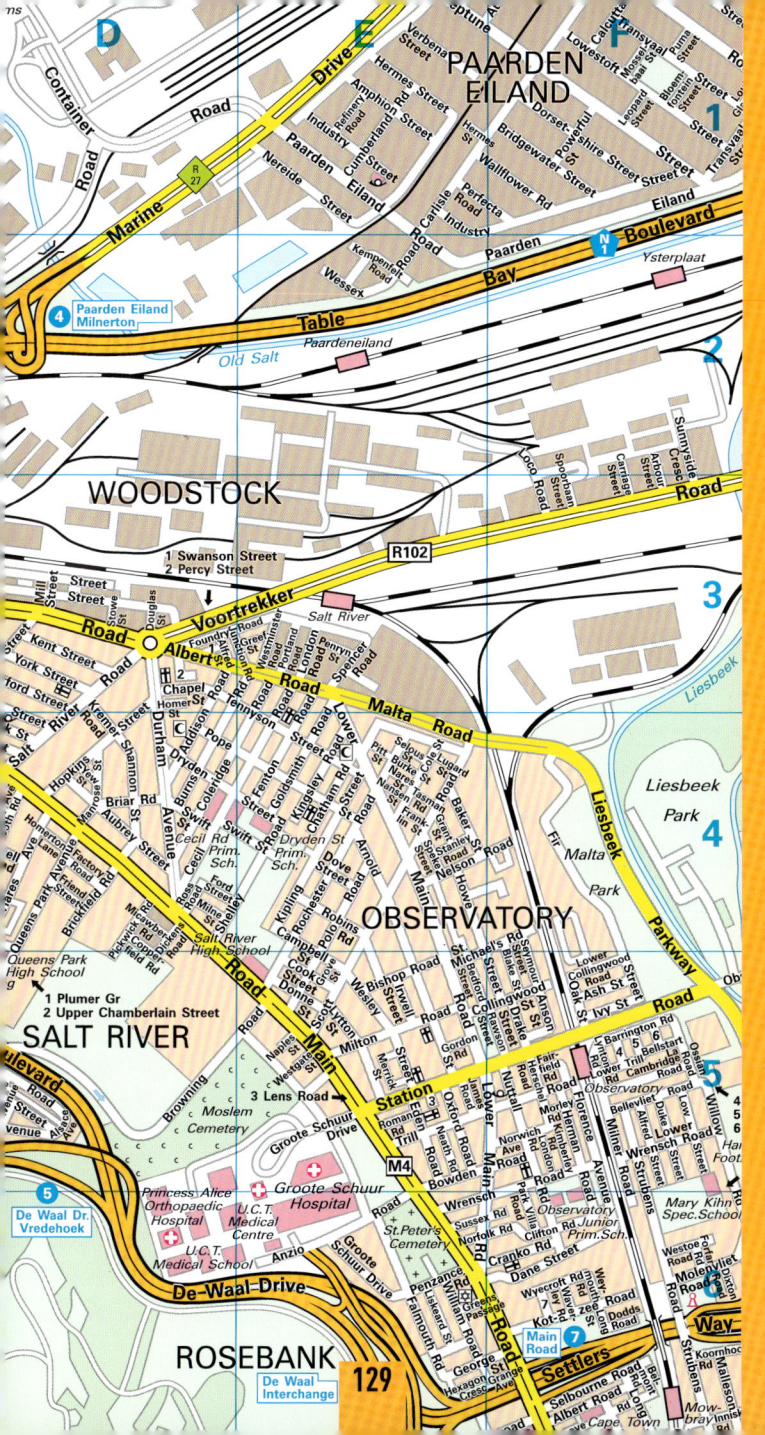

Das Register enthält eine Auswahl der im Cityatlas dargestellten Straßen und Plätze

KARTENLEGENDE

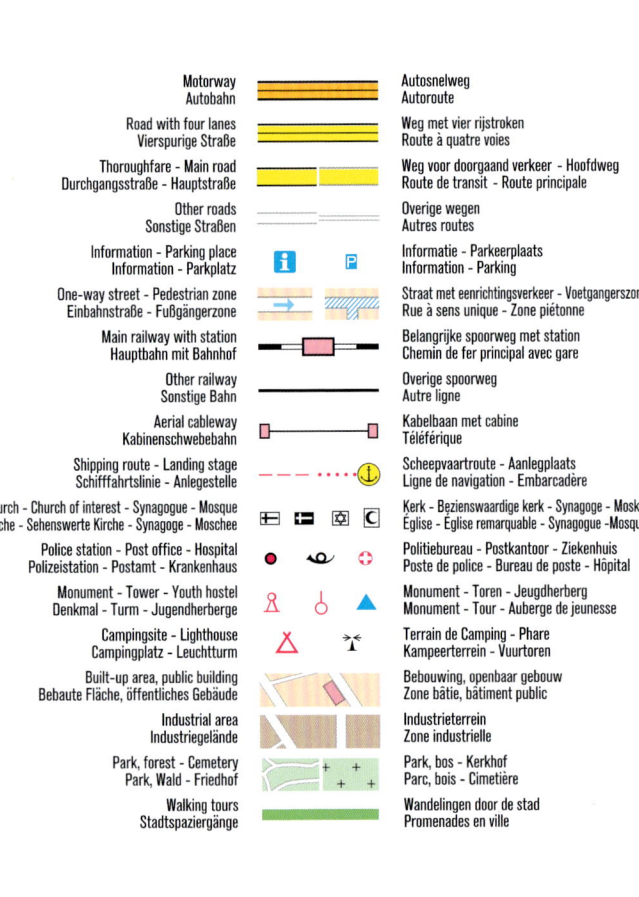

Motorway / Autobahn		Autosnelweg / Autoroute
Road with four lanes / Vierspurige Straße		Weg met vier rijstroken / Route à quatre voies
Thoroughfare - Main road / Durchgangsstraße - Hauptstraße		Weg voor doorgaand verkeer - Hoofdweg / Route de transit - Route principale
Other roads / Sonstige Straßen		Overige wegen / Autres routes
Information - Parking place / Information - Parkplatz		Informatie - Parkeerplaats / Information - Parking
One-way street - Pedestrian zone / Einbahnstraße - Fußgängerzone		Straat met eenrichtingsverkeer - Voetgangerszone / Rue à sens unique - Zone piétonne
Main railway with station / Hauptbahn mit Bahnhof		Belangrijke spoorweg met station / Chemin de fer principal avec gare
Other railway / Sonstige Bahn		Overige spoorweg / Autre ligne
Aerial cableway / Kabinenschwebebahn		Kabelbaan met cabine / Téléférique
Shipping route - Landing stage / Schifffahrtslinie - Anlegestelle		Scheepvaartroute - Aanlegplaats / Ligne de navigation - Embarcadère
Church - Church of interest - Synagogue - Mosque / Kirche - Sehenswerte Kirche - Synagoge - Moschee		Kerk - Bezienswaardige kerk - Synagoge - Moskeë / Église - Église remarquable - Synagogue - Mosquée
Police station - Post office - Hospital / Polizeistation - Postamt - Krankenhaus		Politiebureau - Postkantoor - Ziekenhuis / Poste de police - Bureau de poste - Hôpital
Monument - Tower - Youth hostel / Denkmal - Turm - Jugendherberge		Monument - Toren - Jeugdherberg / Monument - Tour - Auberge de jeunesse
Campingsite - Lighthouse / Campingplatz - Leuchtturm		Terrain de Camping - Phare / Kampeerterrein - Vuurtoren
Built-up area, public building / Bebaute Fläche, öffentliches Gebäude		Bebouwing, openbaar gebouw / Zone bâtie, bâtiment public
Industrial area / Industriegelände		Industrieterrein / Zone industrielle
Park, forest - Cemetery / Park, Wald - Friedhof		Park, bos - Kerkhof / Parc, bois - Cimetière
Walking tours / Stadtspaziergänge		Wandelingen door de stad / Promenades en ville

FÜR IHRE NÄCHSTE REISE

gibt es folgende MARCO POLO Titel:

DEUTSCHLAND
Allgäu
Amrum/Föhr
Bayerischer Wald
Berlin
Bodensee
Chiemgau/Berchtes-
    gadener Land
Dresden/Sächsische
    Schweiz
Düsseldorf
Eifel
Erzgebirge/Vogtland
Franken
Frankfurt
Hamburg
Harz
Heidelberg
Köln
Lausitz/Spreewald/
    Zittauer Gebirge
Leipzig
Lüneburger Heide/
    Wendland
Mark Brandenburg
Mecklenburgische
    Seenplatte
Mosel
München
Nordseeküste
    Schleswig-Holstein
Oberbayern
Ostfriesische Inseln
Ostfriesland/
    Nordseeküste
    Niedersachsen/
    Helgoland
Ostseeküste
    Mecklenburg-
    Vorpommern
Ostseeküste
    Schleswig-Holstein
Pfalz
Potsdam
Rheingau/Wiesbaden
Rügen/Hiddensee/
    Stralsund
Ruhrgebiet
Sauerland
Schwäbische Alb
Schwarzwald
Stuttgart
Sylt
Thüringen
Usedom
Weimar

ÖSTERREICH | SCHWEIZ
Berner Oberland/Bern
Kärnten
Österreich
Salzburger Land
Schweiz
Steiermark
Tessin

Tirol
Wien
Zürich

FRANKREICH
Bretagne
Burgund
Côte d'Azur/Monaco
Elsass
Frankreich
Französische
    Atlantikküste
Korsika
Languedoc-Roussillon
Loire-Tal
Nizza/Antibes/Cannes/
    Monaco
Normandie
Paris
Provence

ITALIEN | MALTA
Apulien
Capri
Dolomiten
Elba/Toskanischer
    Archipel
Emilia-Romagna
Florenz
Gardasee
Golf von Neapel
Ischia
Italien
Italienische Adria
Italien Nord
Italien Süd
Kalabrien
Ligurien/Cinque Terre
Mailand/Lombardei
Malta/Gozo
Oberital. Seen
Piemont/Turin
Rom
Sardinien
Sizilien/Liparische Inseln
Südtirol
Toskana
Umbrien
Venedig
Venetien/Friaul

SPANIEN | PORTUGAL
Algarve
Andalusien
Barcelona
Baskenland/Bilbao
Costa Blanca
Costa Brava
Costa del Sol/Granada
Fuerteventura
Gran Canaria
Ibiza/Formentera
Jakobsweg/Spanien
La Gomera/El Hierro
Lanzarote

La Palma
Lissabon
Madeira
Madrid
Mallorca
Menorca
Portugal
Sevilla
Spanien
Teneriffa

NORDEUROPA
Bornholm
Dänemark
Finnland
Island
Kopenhagen
Norwegen
Oslo
Schweden
Stockholm
Südschweden

WESTEUROPA | BENELUX
Amsterdam
Brüssel
Dublin
Edinburgh
England
Flandern
Irland
Kanalinseln
London
Luxemburg
Niederlande
Niederländische Küste
Schottland
Südengland

OSTEUROPA
Baltikum
Budapest
Danzig
Estland
Kaliningrader Gebiet
Krakau
Lettland
Litauen/Kurische
    Nehrung
Masurische Seen
Moskau
Plattensee
Polen
Polnische Ostsee-
    küste/Danzig
Prag
Riesengebirge
Russland
Slowakei
St. Petersburg
Tallinn
Tschechien
Ukraine
Ungarn
Warschau

SÜDOSTEUROPA
Bulgarien
Bulgarische
    Schwarzmeerküste
Kroatische Küste/
    Dalmatien
Kroatische Küste/
    Istrien/Kvarner
Montenegro
Rumänien
Slowenien

GRIECHENLAND | TÜRKEI | ZYPERN
Athen
Chalkidiki
Griechenland
    Festland
Griechische
    Inseln/Ägäis
Istanbul
Korfu
Kos
Kreta
Peloponnes
Rhodos
Samos
Santorin
Türkei
Türkische Südküste
Türkische Westküste
Zakinthos
Zypern

NORDAMERIKA
Alaska
Chicago und
    die Großen Seen
Florida
Hawaii
Kalifornien
Kanada
Kanada Ost
Kanada West
Las Vegas
Los Angeles
New York
San Francisco
USA
USA Neuengland/
    Long Island
USA Ost
USA Südstaaten/
    New Orleans
USA Südwest
USA West
Washington D.C.

MITTEL- UND SÜDAMERIKA
Argentinien
Brasilien
Chile
Costa Rica
Dominikanische
    Republik

Jamaika
Karibik/Große Antillen
Karibik/Kleine Antillen
Kuba
Mexiko
Peru/Bolivien
Venezuela
Yucatán

AFRIKA | VORDERER ORIENT
Ägypten
Djerba/Südtunesien
Dubai
Israel
Jerusalem
Jordanien
Kapstadt/Wine Lands/
    Garden Route
Kapverdische Inseln
Kenia
Marokko
Namibia
Qatar/Bahrain/Kuwait
Rotes Meer/Sinai
Südafrika
Tansania, Sansibar
Tunesien
Vereinigte
    Arabische Emirate

ASIEN
Bali/Lombok
Bangkok
China
Hongkong/Macau
Indien
Indien/Der Süden
Japan
Kambodscha
Ko Samui/Ko Phangan
Krabi/Ko Phi Phi/
    Ko Lanta
Malaysia
Nepal
Peking
Philippinen
Phuket
Rajasthan
Shanghai
Singapur
Sri Lanka
Thailand
Tokio
Vietnam

INDISCHER OZEAN | PAZIFIK
Australien
Malediven
Mauritius
Neuseeland
Seychellen
Südsee

REGISTER

In diesem Register finden Sie alle in diesem Band erwähnten Sehenswürdigkeiten, Museen, Weingüter und Ausflugsziele sowie einige wichtige Namen und Stichworte. Halbfette Seitenzahlen verweisen auf den Haupteintrag.

> www.marcopolo.de/kapstadt

SCHREIBEN SIE UNS

Liebe Leserin, lieber Leser,

wir setzen alles daran, Ihnen möglichst aktuelle Informationen mit auf die Reise zu geben. Dennoch schleichen sich manchmal Fehler ein – trotz gründlicher Recherche unserer Autoren/innen. Sie haben sicherlich Verständnis, dass der Verlag dafür keine Haftung übernehmen kann.

Wir freuen uns aber, wenn Sie uns schreiben.

Senden Sie Ihre Post an die MARCO POLO Redaktion, MAIRDUMONT, Postfach 3151, 73751 Ostfildern, info@marcopolo.de

IMPRESSUM

Titelbild: Strand in St James, False Bay (Bilderberg: Oble Oberholzer)
Fotos: Die Afrikaanse Taalmuseum: Melinda Bonthuys (12 u.); Alba Lounge (105 u. l.); C. Bäck (16/17); Bilderberg: Oble Oberholzer (1); Cheetah Outreach: Dawn Glover (104 u.r.); W. Dieterich (Klappe links, Klappe rechts, 2 l., 2 r., 3 l., 3 r., 4 l., 5, 11, 18, 20, 26, 29, 31, 32, 34, 36, 40, 45, 47, 48/49, 50, 53, 57, 62, 67, 68/69, 70, 75, 78, 82, 85, 88/89, 90, 93, 94, 100, 102, 103, 108); Downhill Adventures (15 o.); ERDMANN CONTEMPORARY (12 o., 14 u.); ©fotolia.com: aline caldwell (15 M.); J. Frangenberg (21, 22/23, 96/97, 106/107, 111); F. M. Frei (Klappe Mitte, 38, 72, 73, 76/77, 86/87); W. Gartung (35); Goldfish: Ross Hillier (13 u.); HB Verlag: Selbach (20/21, 86, 87, 98); Huber: Gräfenhain (42), Huber (6/7), Orient (81); ©iStockphoto.com: Eric Delmar (105 M. r.), Robyn Mackenzie (104 u.M.l.), Markanja (104 o. l.), Vernon Wiley (105 o. l.); A. Jeschonneck/K. Schächtele (138); Laif: Emmler (3 M., 4 r., 60/61, 64), Hollandse Hoggte (8/9); Look: Coelfen (58); E. Losskarn (54); misfit. Richard Johnson (14 o.); myCity Running Tours (104 o. M. r.); T. Stankiewicz (122/123); Renate Steynberg (15 u.); Volontours (13 o.)

3., aktualisierte Auflage 2010

© MAIRDUMONT GmbH & Co. KG, Ostfildern
Chefredaktion: Michaela Lienemann (Konzept, Chefin vom Dienst), Marion Zorn (Konzept, Textchefin)
Autoren: Anja Jeschonneck, Kai Schächtele; Redaktion: Jochen Schürmann
Programmbetreuung: Silwen Randebrock; Bildredaktion: Gabriele Forst
Szene/24h: wunder media, München
Kartografie Reiseatlas: © MAIRDUMONT, D-73751 Ostfildern
Innengestaltung: Zum goldenen Hirschen, Hamburg; Titel/S. 1–3: Factor Product, München
Sprachführer: in Zusammenarbeit mit Ernst Klett Sprachen GmbH, Stuttgart, Redaktion PONS Wörterbücher

Anja Jeschonneck arbeitet als Reporterin für den rbb, Kai Schächtele als freier Journalist. Beide leben in Berlin.

Sie leben seit 2004 in Kapstadt und Berlin. Wie ist es dazu gekommen?

Als wir im Oktober 2004 zum ersten Mal nach Kapstadt kamen, war das ein großes Abenteuer. Wir hatten unsere Jobs in Deutschland gekündigt, um von hier aus als freiberufliche Journalisten zu arbeiten. Als Teil des Netzwerks *Weltreporter.net* haben wir Geschichten für deutsche Magazine und Zeitungen und den Marco Polo Kapstadt geschrieben, der im Januar 2006 zum ersten Mal erschienen ist. Seitdem sind wir immer wieder für ein paar Wochen bzw. Monate in Kapstadt, weil wir an diese Stadt unser Herz genauso verloren haben wie an Berlin.

Was reizt Sie an Kapstadt?

Kapstadt ist ein Schmelztiegel mit Strandzugang und ein Lehrstück darüber, was passiert, wenn eine Gesellschaft sich als lebendige Demokratie neu erfindet. Hier treffen ganz unterschiedliche Kulturen aufeinander, und jede prägt die Atmosphäre der Stadt auf ihre Weise. Und aus nächster Nähe zu beobachten, wie die Stadt mit den Herausforderungen der Fußballweltmeisterschaft 2010 umgeht, die die erste in Afrika überhaupt ist, ist äußerst spannend.

Und was mögen Sie an Kapstadt nicht so?

Kapstadt hat auf dem Weg zu einer Metropole, in der jeder ungeachtet seiner Herkunft die gleichen Chancen hat, schon eine beachtliche Wegstrecke zurückgelegt, aber die Kluft zwischen Reich und Arm ist hier immer noch sehr groß und offenbart sich z. B. darin, in welcher Weise gerade die Armen unter der HIV/Aids-Pandemie leiden.

Kommen Sie viel in Kapstadt und Umgebung herum?

Das ist das Schöne an Kapstadt. Zwischen Stränden und den kargen Berglandschaften, durch die man stundenlang wandern kann, liegen nur ein paar Autominuten. Und diese Fülle an natürlicher Schönheit kosten wir so oft wie möglich aus. Das Reizvolle an unserem Beruf ist, dass wir sowohl über die Menschen in den Townships berichten als auch über die Arbeit von Winzern in Stellenbosch. So pendeln wir zwischen den Welten.

Mögen Sie die Kapstädter Küche?

Wir lieben die Kapstädter Küche, genau genommen die Kapstädter Küchen. Dazu gehören die kapmalaiischen Currygerichte genauso wie die Fusion-Menüs der Gourmetköche und Straußensteak. Unser Lieblingsessen: eine Boerewoers mit Zwiebeln und Chili von Mohamads Wurststand auf der Long Street.

10 € GUTSCHEIN
für Ihr persönliches Fotobuch*!

Gilt aus rechtlichen Gründen nur bei Kauf des Reiseführers in Deutschland und der Schweiz

SO GEHT'S: Einfach auf www.marcopolo.de/fotoservice/gutschein gehen, Wunsch-Fotobuch mit den eigenen Bildern gestalten, Bestellung abschicken und dabei Ihren Gutschein mit persönlichem Code einlösen.

Ihr persönlicher Gutschein-Code: `mp7n7u6mgk`

Erlebe Deine Bilder!

Zum Beispiel das MARCO POLO FUN A5 Fotobuch für 7,49 €.

powered by **fotokasten**

www.marcopolo.de/fotoservice/gutschein

> BLOSS NICHT!

Bettelnden Kindern Geld geben

An vielen Straßenkreuzungen herrscht Hochbetrieb, sobald die Ampeln auf Rot umspringen. Zeitungsverkäufer halten die aktuelle Ausgabe der Tageszeitung im Arm, Straßenhändler verkaufen Drahtspielzeug und Kinder betteln. Auch wenn es Ihnen schwerfällt: Geben Sie ihnen kein Geld. Sozialarbeiter in Kapstadt versuchen, gegen das Betteln der Kinder anzugehen, weil die das Geld meistens entweder an Ihre Auftraggeber abgeben müssen oder für Drogen ausgeben.

Die Wanderung auf den Tafelberg als Nachmittagsspaziergang betrachten

Über das Verhalten vieler Touristen schütteln Kapstädter nur den Kopf: Ausgerüstet mit Kamera und einer Tube Sonnenmilch besteigen sie den Tafelberg und glauben, es sei ein harmloser Nachmittagsspaziergang. Dass das ein großer Irrtum ist, merken viele erst, wenn sie auf dem Plateau des Berges stehen, eingehüllt in den dichten Nebel einer Regenwolke, und nicht wissen, wie sie von hier wieder wegkommen sollen. Bereiten Sie einen Ausflug auf den Tafelberg deshalb gründlich vor. Informieren Sie sich über die Wetterlage, packen Sie die notwendige Ausrüstung ein (s. „Sehenswertes") und gehen Sie nie allein. So können Sie sich dann ganz entspannt den traumhaften Aussichten hingeben, mit denen der Berg den zum Teil recht anstrengenden Aufstieg belohnt.

Nachts die Einsamkeit auf Lion's Head und Signal Hill genießen

So schön die Aussicht auf das nächtliche Kapstadt auch sein mag: Vermeiden Sie es, allein mit ihrem Wagen auf dem Parkplatz des Signal Hill zu stehen oder den Lion's Head zu erklimmen. Sie werden sonst leicht Opfer von Dieben, die sich die Abgeschiedenheit der Berge zunutze machen. Sie müssen auf den Anblick der funkelnden Stadt aber nicht verzichten: Wenn Sie in einer Gruppe unterwegs oder genug andere Genießer um Sie herum sind, können Sie den Anblick unbeschwert erleben.

In den Berufsverkehr geraten

An Werktagen zwischen 6.30 Uhr und 8.30 Uhr verstopfen unzählige Autos und Minitaxis die Highways in die Innenstadt. Die Folge sind zähe Staus, die bis ins Stadtzentrum anhalten. Abends wiederholt sich dieses Drama in die entgegengesetzte Richtung. Meiden Sie deshalb zu den Stoßzeiten die Ein- und Ausfallstraßen der Stadt.

Im Auto lassen, was einem lieb ist

Ob Geldbeutel, Kamera oder Kleidung: Lassen Sie nichts im Auto, was anderen gefallen könnte. Sonst sind nach Ihrer Rückkehr die Scheiben eingeschlagen, und alles, was im Wagen lag, ist weg. Auch der Kofferraum ist kein sicherer Ort für Wertgegenstände. Am besten nehmen Sie immer nur das im Wagen mit, was Sie auch bei sich tragen können.